DELIUS KLASING

SEGELN LERNEN

JOHN DRISCOLL

Übersetzung und deutsche Bearbeitung
von Fridtjof Gunkel
Fotos von Peter Chadwick

DELIUS KLASING VERLAG

Ein Dorling-Kindersley-Buch
Originaltitel: **Learn to Sail in a Weekend**

Die Deutsche Bibliothek – CIP-Einheitsaufnahme

Segeln lernen/John Driscoll.
Übers. und dt. Bearb. von Fridtjof Gunkel. Fotos von Peter Chadwick. –
Bielefeld: Delius Klasing, 1998
Einheitssacht.: Learn to sail in a weekend <dt.>
ISBN 3-7688-1042-9

1. Auflage
ISBN 3-7688-1042-9

Die Rechte für die deutsche Ausgabe liegen beim Verlag
Delius, Klasing & Co., Siekerwall 21, 33602 Bielefeld
Einbandgestaltung: Ekkehard Schonart
Gesamtherstellung:
Kunst- und Werbedruck, Bad Oeynhausen
Printed in Germany 1998

INHALT

Vorwort 6

DIE VORBEREITUNG 8

Die Jolle 10
Die Details 12
Die Knoten 14
Die Ausrüstung 16
Die Sicherheit 18
Der Wind 20
Das Steuern 22
Die Kurse 24

DIE PRAXIS 26

Aufriggen 28
Slippen 32
Ablegen 34
Raumschots segeln 38
Wenden und kreuzen 42
Hoch am Wind segeln 48
Anlegen 52
Vor dem Wind segeln 56
Halsen 60
Kreis absegeln 66
Kentern 70
Mann über Bord 76

TIPS FÜR FORTGESCHRITTENE 78

Rollwende 80
Rollhalse 82
Segeln bei Starkwind 84
Ausweichregeln 86
Welches Boot? 88
Gebrauchtbootkauf 90

Glossar 92
Stichwortverzeichnis 94
Nützliche Adressen 96
Danksagung 96

Falcon
Sailing

VORWORT

Willkommen in der Welt des Segelns. Das Ziel dieses Buches ist, einem Steuermann und einem Vorschoter seglerisches Basiswissen in wenigen Tagen beizubringen. Danach werden Sie in der Lage sein, bei leichtem Wind sicher zu segeln und sind auf der richtigen Spur zu höheren Weihen: Das Lernen hört auch im Segeln nie auf.

Ich begeistere mich jetzt seit rund 30 Jahren für diesen Sport und habe immer noch das Gefühl, daß es mehr zu lernen gibt.

Natürlich kann dieses Buch nicht alle Aspekte abdecken. Aber in der Vielfalt dieser Freizeitbeschäftigung liegt auch ihr Reiz: Ob man olympisches Edelmetall erringen oder nur einsame Buchten und Inseln auf dem Wasserwege erkunden möchte: Segeln ist ein Sport für das ganze Leben. Diese Tatsache erkennen immer mehr Menschen. Der allgemeine Trend im Segelsport geht aufwärts, und mittlerweile ist es auch kein reiner Männersport mehr – auch wenn die Person am Ruder üblicherweise als Steuermann bezeichnet wird.

JOHN DRISCOLL

DIE VORBEREITUNG

Bevor Sie mit dem Boot aufs Wasser gehen, sollten Sie ein paar Grundlagen auf dem Trockenen lernen.

DAS ERSTE, WAS SIE BRAUCHEN, ist eine spezielle Bekleidung, die Sie warm und trocken hält. Noch wichtiger sind Auftriebshilfen, wie zum Beispiel aufblasbare Rettungswesten oder reine Jollenwesten mit festem Auftrieb aus Schaum. Jede gute Segelschule wird persönliche Schwimmhilfen in verschiedenen Größen nach internationalem Sicherheitsstandard bereitstellen. Oder Sie investieren schon jetzt etwas Geld für Ihren neuen Sport.

Segeln und Fitneß

Es ist nicht nötig, vor dem Kurs körperlich fit zu sein– aber es hilft. Hochkarätige Regatta-Veranstaltungen verlangen Fitneß, Konzentration und Willen, aber jeder kann Freizeitsegeln betreiben. Bei leichtem Wind wird die größte Anstrengung sein, das Boot ins Wasser zu schieben und wieder herauszuziehen. Bei mittleren bis leichten Winden

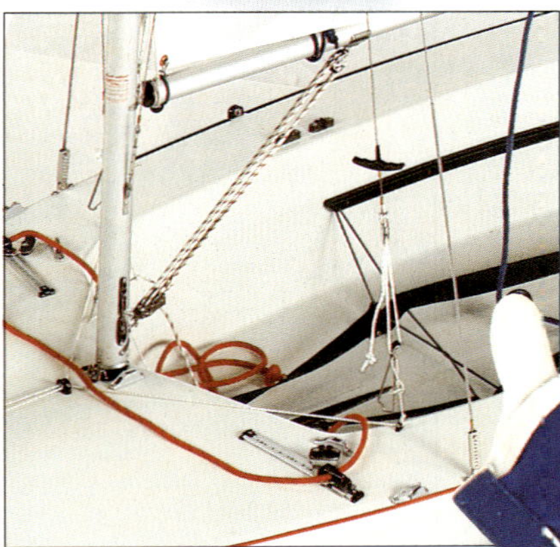

Schwimmhilfen S. 18-19

Jollen-Beschläge S. 12-13

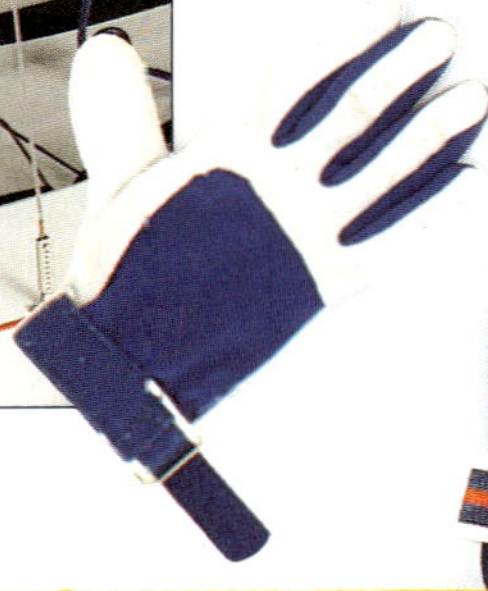

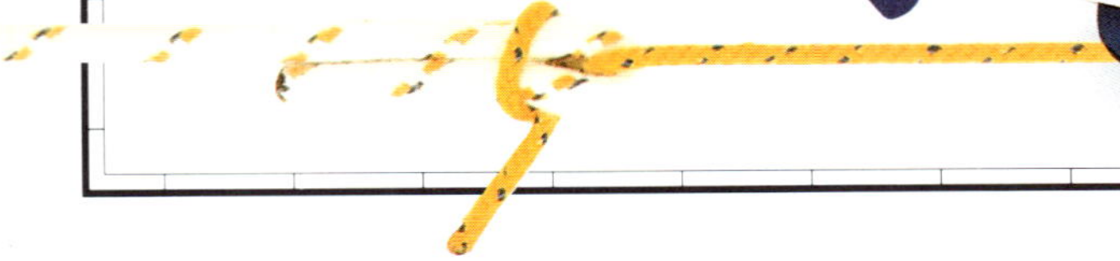

dagegen, wenn das Tempo größer ist, wird das Jollensegeln zum Sport. Falls Sie schwimmen können, werden Sie sich auf der Jolle sicherer fühlen. Es ist aber unwahrscheinlich, daß Sie weit schwimmen müssen, selbst wenn Sie kentern und das Boot nicht wieder aufrichten können. Die goldene Regel: Immer beim Boot bleiben, bis Hilfe kommt.

Griffe üben

Nehmen Sie sich Zeit an Land, um sich mit dem Boot und seinen diversen Teilen vertraut zu machen, bevor Sie starten. Lernen Sie auch die fünf wichtigsten Knoten.

Hervorgehobene Ausdrücke werden im Glossar auf den Seiten 92 und 93 näher erläutert.

Knoten S. 14-15

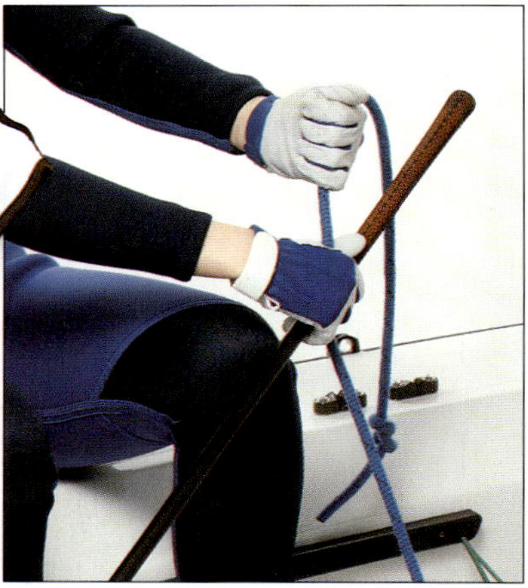

Pinnenausleger S. 22-23

Die Jolle

Jeder Bestandteil der Jolle hat eine spezielle Aufgabe.

Segeljollen haben sich von den schweren, offenen Booten vor rund 50 Jahren zu schnittigen, ausgefeilten Konstruktionen gemausert. Die verwendeten Baumaterialien sind belastbar, wiegen dabei wenig und sind einfach zu pflegen. Das bringt Ihnen effektives, aufregendes Segeln und kostet weniger Arbeit, um das Boot in Schuß zu halten. Die hier gezeigten Teile sind auf fast allen Jollen zu finden.

DER MAST
Normalerweise aus Aluminium, manchmal aus Holz gebaut, widersteht der **Mast** den hohen Kräften, die bei starkem Wind an den Segeln entstehen. Der Mast steht normalerweise auf einem Metallbeschlag, der ihn sicher in seiner Position hält.

DAS STEHENDE GUT
Dieser Mast wird von drei Drähten gestützt: dem **Vorstag**, das nach unten zum **Bug** führt, und zwei **Wanten,** die zu den beiden Seiten des Rumpfes geleitet sind. Auf kleineren Jollen steht der Mast frei in einem tiefen Mastloch.

DIE SALINGE
Die Salinge sind auf halber Höhe an den **Mast** gebolzt. Sie spreizen die Wanten vom Mast weg und verhindern, daß sich der Mast unter Last zu stark biegt.

DER RUMPF
Moderne Jollen werden aus glasfaserverstärktem Kunststoff (GFK) gebaut. Aber auch Holz in Leichtbauweise und das unverwüstliche Polyethylen sind verwendete Werkstoffe.

DER BUG
Nautischer Ausdruck für die Bootsspitze. Den Bereich zwischen Bug und Mast nennt man Vorschiff.

DAS DECK
Bestandteil des Rumpfes, sozusagen der Deckel für die Rumpfschale. Das Deck ist meist an einigen Stellen rutschfest gearbeitet.

Spinnaker-Trompete (Extra auf Regattabooten)

EINGEBAUTER AUFTRIEB
In viele Jollen ist ein fester Auftrieb aus Schaumblöcken eingebaut, um das Boot unsinkbar zu machen. Einige Boote sind auch mit luftgefüllten Kunststoffbeuteln ausgestattet.

DER GROSSBAUM •
Der **Großbaum** ist meist aus Aluminium, seltener aus Holz gefertigt. An dem Großbaum wird die untere Kante (**Unterliek**) des **Großsegels** befestigt und das Segel auf diese Weise vom Mast weg gestreckt.

• DAS HECK
Nautischer Ausdruck für den hinteren Teil des Bootes.

• DIE GROSS-SCHOT
Diese wichtigste Kontrolleine des Bootes ist am **Großbaum** befestigt, und mit ihr wird der Winkel des Großsegels zur Boots-Längsachse bestimmt. Die **Großschot** ist meist in das Cockpit geleitet.

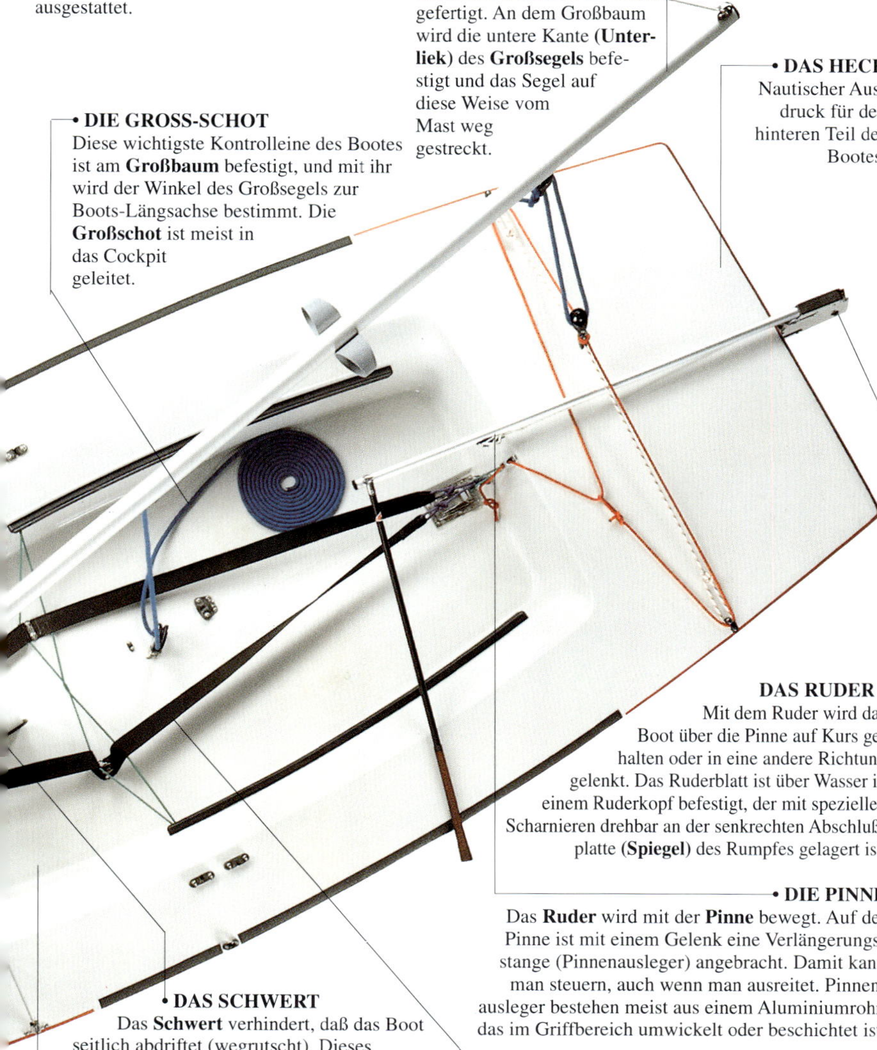

DAS RUDER •
Mit dem Ruder wird das Boot über die Pinne auf Kurs gehalten oder in eine andere Richtung gelenkt. Das Ruderblatt ist über Wasser in einem Ruderkopf befestigt, der mit speziellen Scharnieren drehbar an der senkrechten Abschlußplatte (**Spiegel**) des Rumpfes gelagert ist.

• DIE PINNE
Das **Ruder** wird mit der **Pinne** bewegt. Auf der Pinne ist mit einem Gelenk eine Verlängerungsstange (Pinnenausleger) angebracht. Damit kann man steuern, auch wenn man ausreitet. Pinnenausleger bestehen meist aus einem Aluminiumrohr, das im Griffbereich umwickelt oder beschichtet ist.

• DAS SCHWERT
Das **Schwert** verhindert, daß das Boot seitlich abdriftet (wegrutscht). Dieses **Schwert** wird in einen Schlitz durch den Bootsrumpf gesteckt. Andere Boote haben ein Drehschwert, das mit Leinen auf- und niedergeholt wird.

• AUSREITGURTE
Der Steuermann und der Vorschoter haken ihre Füße unter diese Gurte. So gehalten, können sie ihr Körpergewicht möglichst weit nach draußen lehnen (ausreiten), um der Schräglage (**Krängung**) entgegenzuwirken.

• DAS COCKPIT
Das Kontrollzentrum des Bootes, auch Plicht genannt. Hier bewegen sich Steuermann und Vorschoter.

JOLLEN-DETAILS

Die typischen Beschläge einer Jolle

BESCHLÄGE sind fest mit dem Boot oder dem Rigg verbundene Teile aus Kunststoff oder Metall und dienen der Bedienung von Mast, Segeln und Boot. Die Beschläge wurden immer kleiner und simpler, was die Bedienung vereinfacht und Gewicht spart.

RUDERBESCHLÄGE • Das **Ruder** ist herausnehmbar mit Bolzen, die in Ringe am **Spiegel** greifen, gelagert.

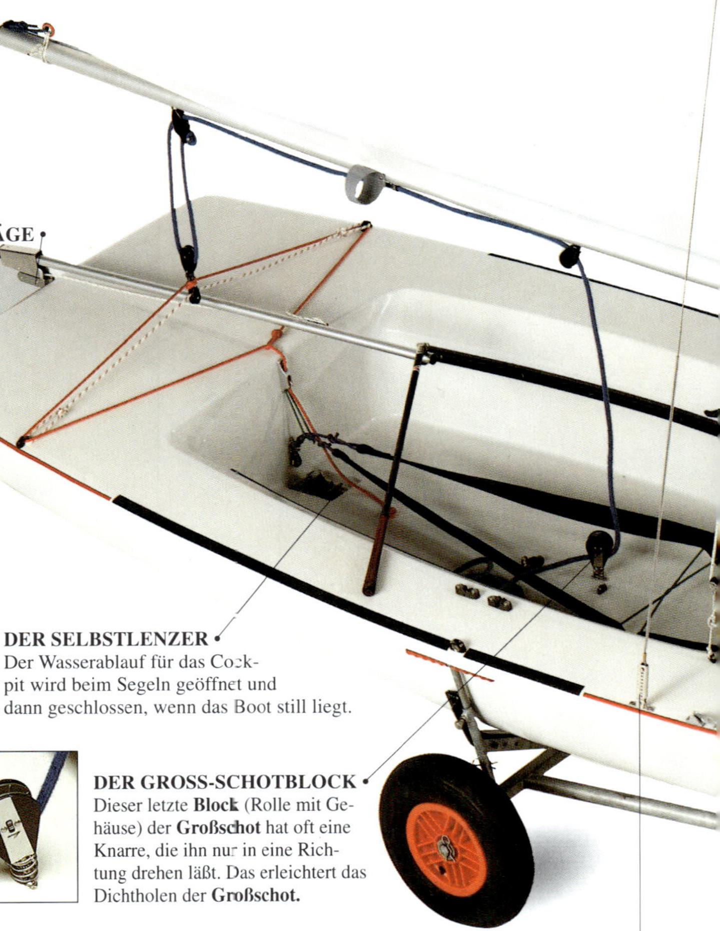

DER SELBSTLENZER • Der Wasserablauf für das Cockpit wird beim Segeln geöffnet und dann geschlossen, wenn das Boot still liegt.

DER GROSS-SCHOTBLOCK • Dieser letzte **Block** (Rolle mit Gehäuse) der **Großschot** hat oft eine Knarre, die ihn nur in eine Richtung drehen läßt. Das erleichtert das Dichtholen der **Großschot.**

DAS PÜTTING • Befestigung auf beiden Seiten des Mastes an Deck für die **Wantenspanner.** Zwischen Pütting und Mast sitzt ein gelochtes Profil aus Stahl, mit dem die Wantenspannung erhöht werden kann.

• DAS CUNNINGHAM
Dieses einfache System ermöglicht es, den vorderen Teil des Segels unter Spannung zu setzen und so dessen Form zu verändern.

• DER BAUMNIEDERHOLER
Den **Baumniederholer** bildet eine Talje (Flaschenzug), die zwischen **Großbaum** und Mastfuß befestigt ist und dazu dient, unterwegs die Form des **Großsegels** einzustellen.

• DIE FOCK-SCHIENE
Die beiden **Fockschoten** werden durch Führungsringe geleitet, die auf Schienen verschiebbar sind.

• DAS FALL
Ein **Fall** besteht aus Tauwerk oder aus Draht und wird dazu benutzt, ein Segel am **Mast** hochzuziehen (zu setzen). Ist das Segel gesetzt, wird es am Mastfuß auf einer Hakenleiste eingehakt oder auf einer **Klampe** belegt (befestigt).

SCHÄKEL •
U-förmige Bügel aus rostfreiem Stahl, die mit einem Schraubbolzen verschlossen werden. Schäkel sind überall auf dem Boot im Einsatz, um Segel, Drähte und Leinen sicher zu befestigen.

Maritime Knoten

So bindet man fünf maritime Grundknoten

Bevor Sie das erste Mal ablegen, ist es wichtig, die hier gezeigten Knoten zu beherrschen und zu wissen, wie man Leinen aufschießt (zusammenlegt). Jeder Knoten erfüllt seinen bestimmten Zweck, und an richtiger Stelle angewendet, ist jeder Knoten haltbar, kann aber einfach wieder gelöst werden.

DER ACHTKNOTEN
Binden Sie in die Tampen (letztes Stück) von allen **Fallen, Schoten** und Kontrolleinen diesen Knoten in Form einer Acht. Das hindert die Leinen am Ausrauschen. Benutzen Sie niemals einen einfachen Knoten. Der kann sich unlösbar beklemmen.

EINEINHALB RUNDTÖRNS MIT ZWEI HALBEN SCHLÄGEN
Ein sehr sicherer Knoten, um eine Leine an einem Ring oder an einem Pfosten zu befestigen und damit gut geeignet, um die Jolle am Steg festzumachen.

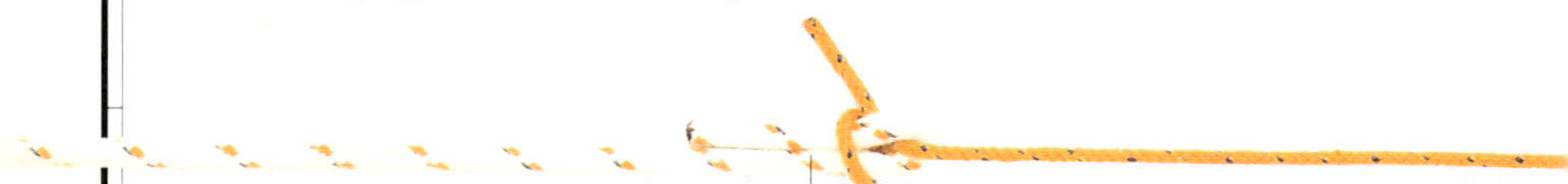

DER SCHOTSTEK
Die beste Methode, um zwei Leinen zu verbinden. Falls die Leinen unterschiedlich dick sind, legen Sie die Bucht (U-Form) mit der dickeren Leine. Für zusätzliche Sicherheit schlingen Sie die dünnere Leine ein zweites Mal um die dickere (s.vierte Arbeitsstufe in der Zeichnung).

DER PALSTEK
Benutzen Sie den Palstek, wenn Sie eine Schlinge am Tampen (Reststück) einer Leine benötigen oder wenn eine Leine an einem Ring oder einem Pfahl befestigt werden soll.

LEINEN AUFSCHIESSEN
Beim Leinenaufschießen (Zusammenlegen) legt man die Schlaufen in der gleichen Größe und dreht dabei das Tauwerk pro Bucht etwas um sich selbst, damit es keine Kinken gibt.

AUFGESCHOSSENE LEINEN SICHERN
Sichern Sie die aufgeschossene Leine mit einem Überschlag. Das Bündel wird oben mit mehreren Törns des freien Endes umwickelt, dann schiebt man eine Bucht oben durch das Tauwerk und klappt sie zurück.

SO KNOTET MAN RICHTIG

Üben Sie diese Knoten zu Hause mit verschiedenen Leinen, bis Sie alle ohne die Zeichnungen beherrschen.

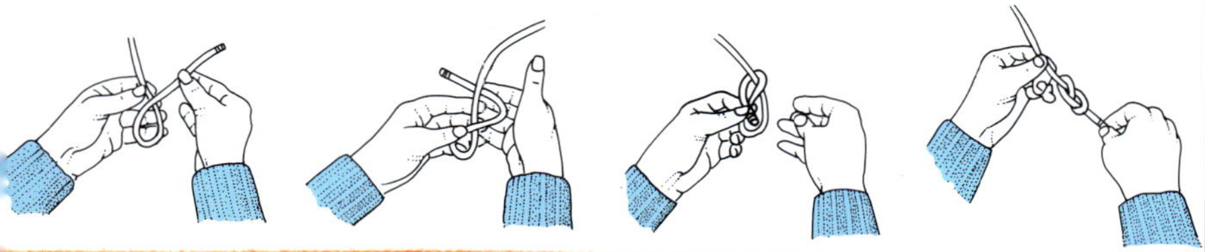

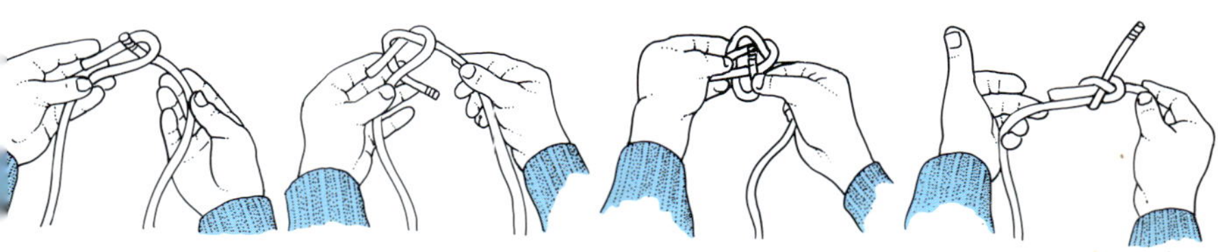

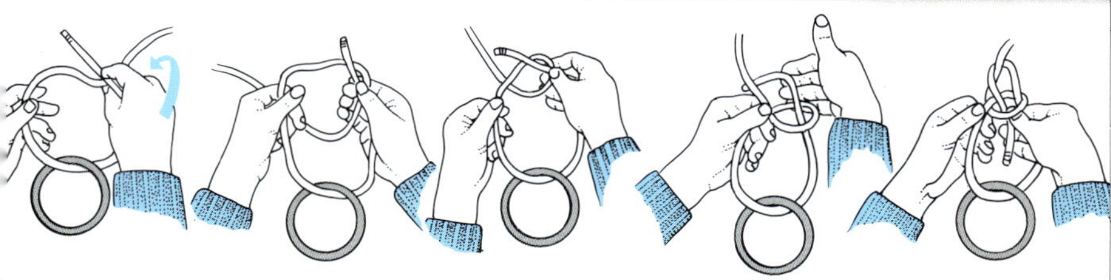

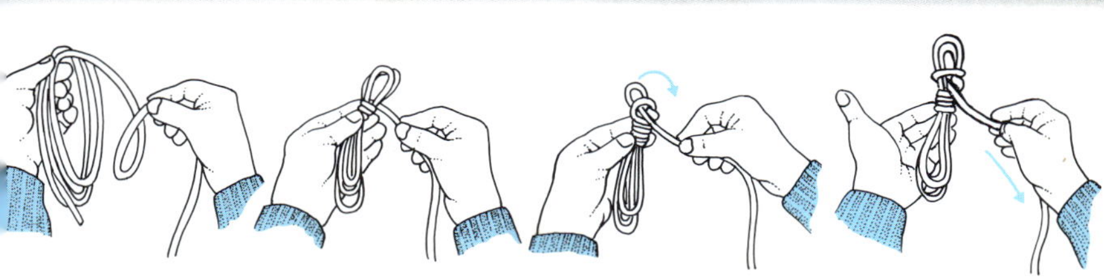

Persönliche Ausrüstung

Spezielle Bekleidung für Wärme und Komfort

Es gibt hauptsächlich drei unterschiedliche Arten der Bekleidung für das Jollensegeln: Ölzeug, Naßbiber (Neopren) und Trockenanzüge. Falls Sie erwarten, mehr oder weniger trocken zu bleiben, schützt Sie leichtes Ölzeug vor Wind und Gischt. Segeln Sie in einer schnellen Gleitjolle und erwarten, naß zu werden, sind Neoprenanzüge ideal. Bei kalten Temperaturen liefert ein Trockenanzug mit Wärme-Unterbekleidung totalen Schutz vor Wind und Wasser.

HANDSCHUHE
Seglers Spezialhandschuhe haben nichtrutschende Finger und Hand-Innenflächen. Diese wärmen gut, andere sind für besseren Griff an den Fingern offen.

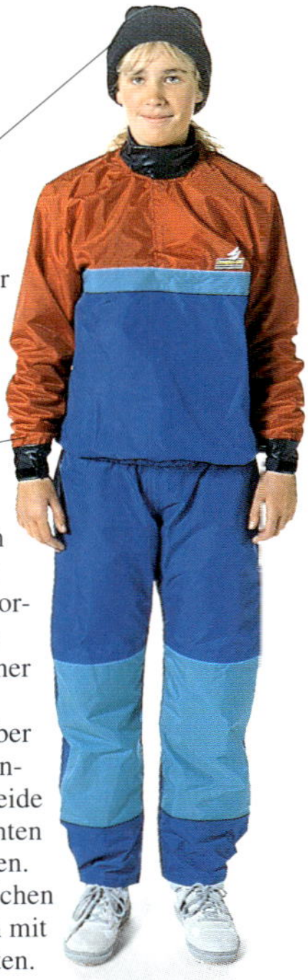

MÜTZE
An kalten Tagen verliert man einen großen Teil der Körperwärme über den Kopf. Komfortabel ist dann eine enganliegende Mütze.

ÖLZEUG
Modernes, synthetisches Ölzeug besteht aus einem wind- und wasserdichten Material und wird über normaler Freizeitbekleidung getragen. Ein geschlossener Überzug hat keinen lekkenden Reißverschluß, aber eine Jacke ist einfacher an- und abzulegen. Es gibt beide Versionen mit wasserdichten Arm- und Halsabschlüssen. Komfortable Ölhosen reichen bis zur Brust und werden mit Hosenträgern hochgehalten.

TROCKENANZUG
Ein Trockenanzug ist aus wasserdichtem Material gefertigt und an Füßen, Armen und Hals mit wasserdichten Manschetten ausgestattet – man bleibt komplett trocken. Dieser hat auch angesetzte, wasserdichte Socken. Man trägt immer zusätzlich eng anliegende Gummistiefel oder Segelschuhe. Ein Trockenanzug sollte nicht über den Schultern spannen und nicht zu eng am Brustkasten anliegen. Bei der Anprobe muß man die Wärme-Unterbekleidung mit einkalkulieren. Vor dem Segeln sollte eingeschlossene Luft herausgelassen werden, indem man in die Hocke geht und dabei die Kragenmanschette leicht vom Hals abzieht.

PFLEGE
Spülen Sie Ihren Neopren-Anzug gut nach jedem Segeln aus, auch wenn Sie nicht im Wasser waren. Prüfen Sie öfters den Reißverschluß.

NEOPREN-ANZUG
Den Neopren-Anzug trägt man über T-Shirt und Badehose oder direkt auf nackter Haut. Sobald Sie naß sind, wird ein Wasserfilm zwischen der Haut und dem Neopren-Material eingeschlossen. Dieser Film erwärmt sich schnell auf annähernde Körpertemperatur. Daher muß ein Neopren-Anzug eng anliegen, um effektiv zu sein – ein wichtiger Punkt also bei der Anprobe.

ZWEITEILER
Die beste und auch am meisten verbreitete Kombination von Neopren-Bekleidung ist ein armloser Long John (Hose, die über die Schultern reicht) und eine kurze Jacke mit Armen für zusätzlichen Schutz bei niedrigen Temperaturen. Es gibt auch einteilige Neoprene mit kurzen Armen und Beinen sowie langärmelige Overalls. Angeboten werden auch Jacken mit abnehmbaren Ärmeln. Spezielle Sommer-Neoprene bestehen aus dünnerem Material, was mehr Bewegungsfreiheit schafft.

ÜBERZUG
Bei kaltem Wetter verhindert ein leichter Overall über dem Neopren das Auskühlen durch den Wind und schützt außerdem vor Abrieb.

STIEFEL
Jollenstiefel sind rutschfest und auf der Oberseite geriffelt und geben mehr Halt unter den Ausreitgurten.

Die Sicherheit

Segeln ist ein sicherer Sport, wenn man Zugeständnisse macht.

Zum verantwortungsbewussten Segeln gehört die richtige Bekleidung für Sicherheit und Komfort: Ausreichend dimensionierte Auftriebshilfen und gute, rutschfeste Schuhe oder Stiefel sind wichtig beim Jollensegeln. Prüfen Sie vor jedem Segelausflug den Wetterbericht. Nach dem Segeln sollte man das Boot aufräumen und die Segel sauber zusammenlegen, wobei man auch nach notwendigen Reparaturen sieht. Jeder, der sich auf das Wasser begibt, sollte die Wiederbeatmung beherrschen.

Schwimmhilfen

Tragen Sie immer eine Jollen- oder eine Rettungsweste über Ihrer Bekleidung.

JOLLENWESTE
Dieses Kleidungsstück liefert Ihnen im Wasser zusätzlichen Auftrieb, ist warm und angenehm zu tragen. Die Jollenweste erlaubt eine größere Bewegungsfreiheit als die Rettungsweste, ist aber nicht ohnmachtssicher. Die Größe der Weste richtet sich auch nach dem Körpergewicht.

RETTUNGSWESTE
Automatisch aufgeblasen oder per Handauslösung, dreht die Rettungsweste eine ohnmächtige Person auf den Rücken. Solche Westen benutzen Jollensegler, die ohne Sicherungsboot auskommen müssen.

FUSSBEKLEIDUNG

Die richtige Fußbekleidung verhindert das Ausrutschen und Schäden am Boot.

BORDSCHUHE
Gute Bordschuhe haben eine Spezial-Lauffläche für sicheren Halt auf nassen Flächen.

JOLLENSTIEFEL

Gutes Profil

Schlechtes Profil

VERNÜNFTIGE SOHLEN
Weiche Sohlen mit tiefen, breiten Rillen drücken das Wasser weg. Schlecht sind also Schuhe mit harten, flachen Rillen.

GUMMISTIEFEL
Getragen mit Thermalsocken, sind Gummistiefel ideal im Winter. Die meisten Jollensegler bevorzugen ansonsten reine Jollenstiefel (oben links). Die lassen nur wenig Wasser an die Füße, das sich schnell erwärmt.

MUND-ZU-MUND WIEDERBELEBUNG

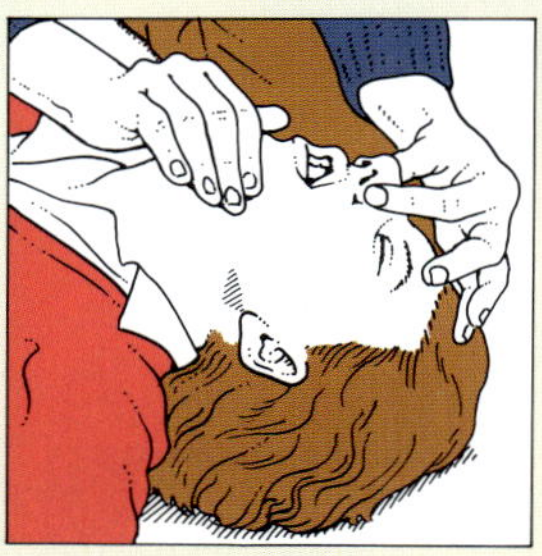

1. Öffnen Sie die Atemwege des Verunglückten und entfernen Sie dabei sämtliche Hindernisse. Schieben Sie den Kopf vorsichtig zurück und das Kinn nach oben, öffnen Sie dadurch den Mund und schließen Sie die Nasenlöcher.

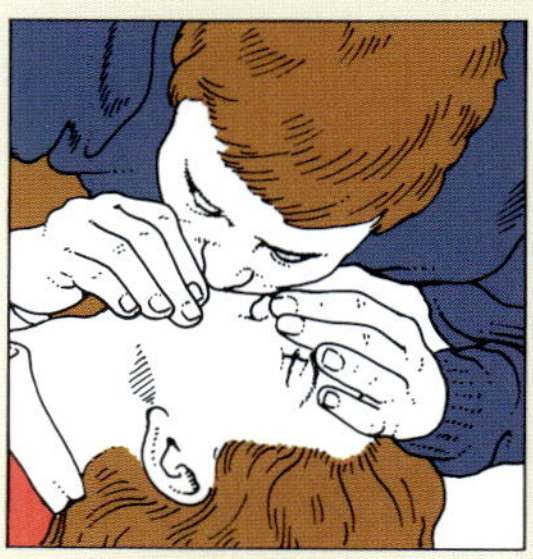

2. Sie atmen tief ein, öffnen den Mund weit und drücken Ihre Lippen um die der verunglückten Person. Blasen Sie kontinuierlich, aber vorsichtig in den Mund und beobachten dabei den sich hebenden Brustkasten.

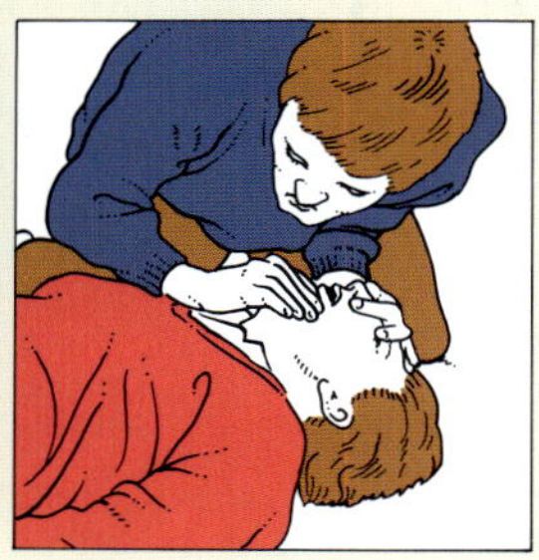

3. Heben Sie Ihren Kopf weg vom Verunglückten, beobachten Sie, wie die Brust wieder fällt und holen Sie dabei wieder Luft. Fahren Sie fort mit der Beatmung, rund 16mal pro Minute, bis der Verunglückte wieder normal atmet.

SO WIRKT DER WIND

Die unterschiedlichen Kräfte an einer Jolle

Wenn das Segel im richtigen Winkel zum Wind steht, wird eine Gesamtkraft produziert, die – vereinfacht ausgedrückt – 90 Grad vom Segel nach Lee wirkt. Das zieht die Jolle nach vorne, läßt sie aber auch abdriften. Die Größe der *Abdrift* hängt auch vom Winkel zwischen der Windrichtung und der Längsachse der Jolle ab. Die Crew kann durch die Arbeit mit den Segeln, dem *Schwert* und dem Körpergewicht den Vortrieb erhöhen und die *Abdrift* verringern.

SEGEL-WINKEL
Die Gesamtkraft teilt sich auf in Vortrieb und Quertrieb. Der Quertrieb verringert sich, je mehr das Boot vom Wind wegdreht.

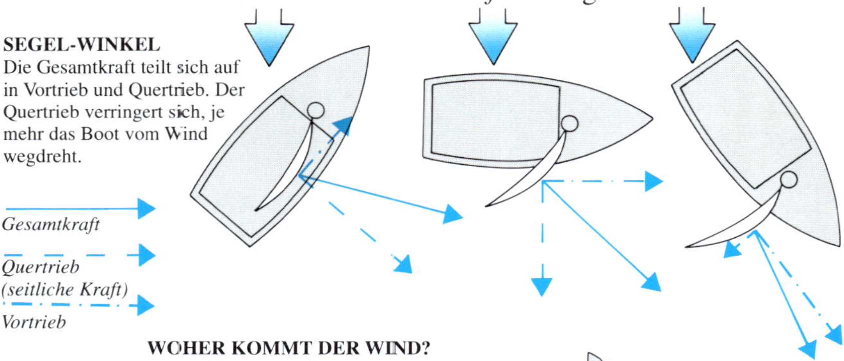

WOHER KOMMT DER WIND?
Prüfen Sie vor dem Segeln die Windrichtung. Beobachten Sie dazu den Rauch von Schornsteinen, kleine Wellen und Kräuselungen auf dem Wasser oder den Verklicker (Fähnchen) am Masttopp der Jolle. Beim Segeln nennt man die Seite des Bootes, die dichter zum Wind ist, **Luv** und die weiter entfernte Seite **Lee.**

DIE KRÄFTE

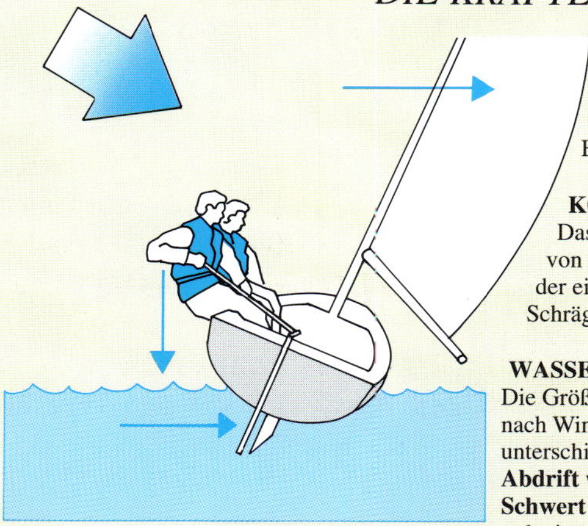

WIND
Weil der Rumpf und seine Unterwasserteile **Ruder** und **Schwert** dem Quertrieb entgegenwirken, will das Boot **krängen.**

KÖRPERGEWICHT
Das entgegenwirkende Gewicht von Steuermann und Vorschoter ist der einzige Ballast, der gegen die Schräglage wirkt.

WASSERWIDERSTAND
Die Größe der **Abdrift** ist je nach Windeinfallswinkel unterschiedlich. Diese **Abdrift** wird durch **Schwert** und **Ruder** reduziert.

Kontrolle ist alles

Um den Wind als Antrieb optimal zu nutzen, müssen Steuermann und Vorschoter bei jeder Kursänderung mit den Segeln, dem **Schwert** und ihrem Körpergewicht arbeiten.

• STEUERMANN UND VORSCHOTER
Eine Jolle segelt möglichst aufrecht am schnellsten. Der Steuermann hat die beste Übersicht auf der **Luvseite.** Der Vorschoter hält das Boot gerade, indem er bei starkem Wind in **Luv** und bei wenig Wind in **Lee** sitzt.

• SEGEL
Ein Segel arbeitet am besten in einem bestimmten Winkel zum Wind und muß daher permanent eingestellt werden. Sie fieren dazu die **Schot,** bis das **Vorliek** zu flattern beginnt, und nehmen sie wieder dicht, bis das Flattern aufhört.

• DAS SCHWERT
Das **Schwert** wird je nach Kurs zum Wind **(Windeinfallswinkel)** neu eingestellt. Vor dem Wind zieht man es hoch, am Wind muß es völlig abgesenkt werden.

Das Steuern

So kontrollieren Sie die Fahrtrichtung

Es gibt drei Arten, die Fahrtrichtung der Jolle zu beeinflussen: mit dem *Ruder,* mit den Segeln und mit der Schräglage *(Krängung).* Jede Bewegung mit dem Ruder verlangsamt die Fahrtgeschwindigkeit, also sollte man auch die beiden anderen Steuermethoden beherrschen.

Ruder-Steuerung

Das **Ruder** gibt Ihnen eine direkte Kontrolle, funktioniert aber nur, wenn das Boot in Fahrt ist.

• DAS STEUERN IN DIE WINDRICHTUNG
Sie sitzen auf der **Luvseite** und schieben die Pinne von sich weg; das Boot **luvt an** (der Bug dreht sich zum Wind). Stellen Sie die Pinne wieder gerade, wenn der gewünschte Kurs erreicht ist.

• DAS STEUERN WEG VOM WIND
Sie ziehen die **Pinne** zu sich heran; das Boot **fällt ab** (dreht den Bug vom Wind weg). Gleichzeitig geben Sie Lose in die **Großschot.** Stellen Sie die Pinne auf dem neuen Kurs wieder gerade.

STEUERN GERADEAUS •
Halten Sie mit der **Pinne** das **Ruder** annähernd in der Mitte und probieren Sie aus, einen festen Punkt anzusteuern.

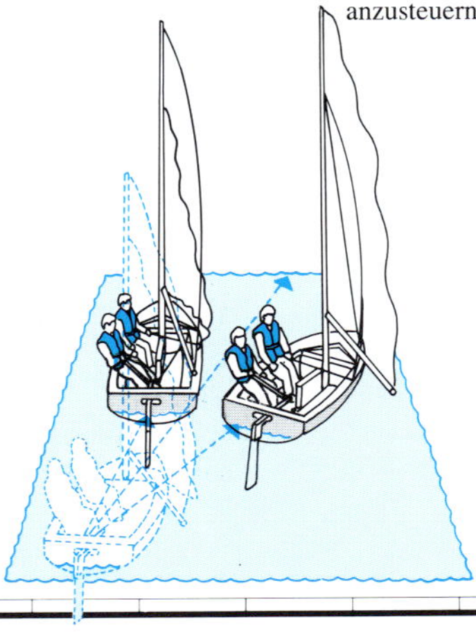

SEGEL-STEUERUNG

Wenn Sie Großsegel und Fock unabhängig voneinander bedienen, kann so das Boot gesteuert werden.

DAS STEUERN IN DIE WINDRICHTUNG
Lassen Sie die **Fock** lose flattern und nehmen Sie mit der **Großschot** das **Großsegel** dichter; das Boot luvt an (dreht den Bug zum Wind). Wenn Sie nichts weiter tun, liegt das Boot im Wind.

DAS STEUERN WEG VOM WIND
Lassen Sie das **Großsegel** komplett und plötzlich flattern und nehmen Sie die **Fock** dicht; das Boot dreht den Bug vom Wind weg. Dieses Manöver wird weniger deutlich als das Drehen in den Wind ausfallen.

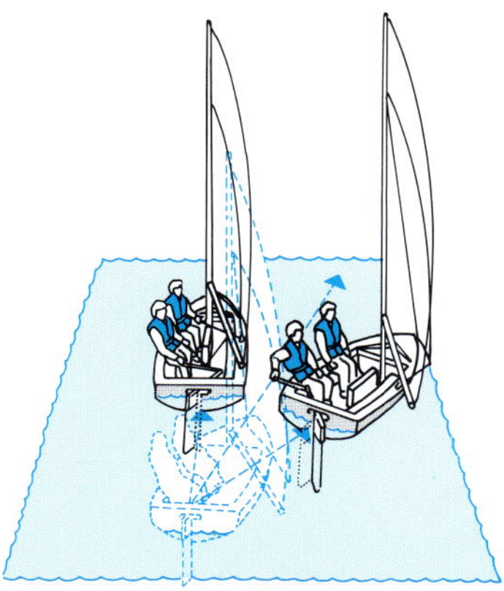

–KRÄNGUNGS-STEUERN–

Krängt das Boot zum Wind (nach *Luv*), tendiert es **abzufallen;** krängt es vom Wind weg (nach **Lee**), will es **anluven.** Diesen Effekt im Einklang mit **Ruder** und Segeln macht man sich beim Steuern zunutze.

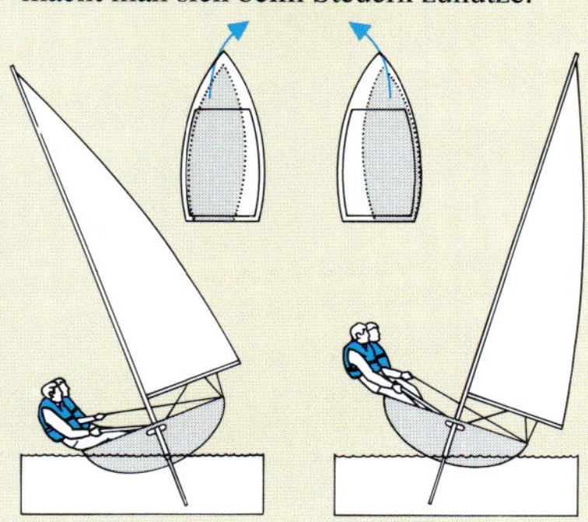

KURSE ZUM WIND

Die unterschiedlichen Richtungen, in die man segeln kann.

JEDESMAL, WENN SIE DIE FAHRTRICHTUNG ÄNDERN, müssen Sie die Segel und das **Schwert** neu einstellen, weil sich auch die Richtung der Jolle zum Wind ändert. Jede Richtung hat eine Bezeichnung. Alle zusammen nennen sich Kurse zum Wind.

HOCH AM WIND •
Wenn man so direkt wie möglich in die Windrichtung fährt, segelt man **hoch am Wind** (Windeinfall zirka 45 Grad). Beide Segel sind dichtgenommen.

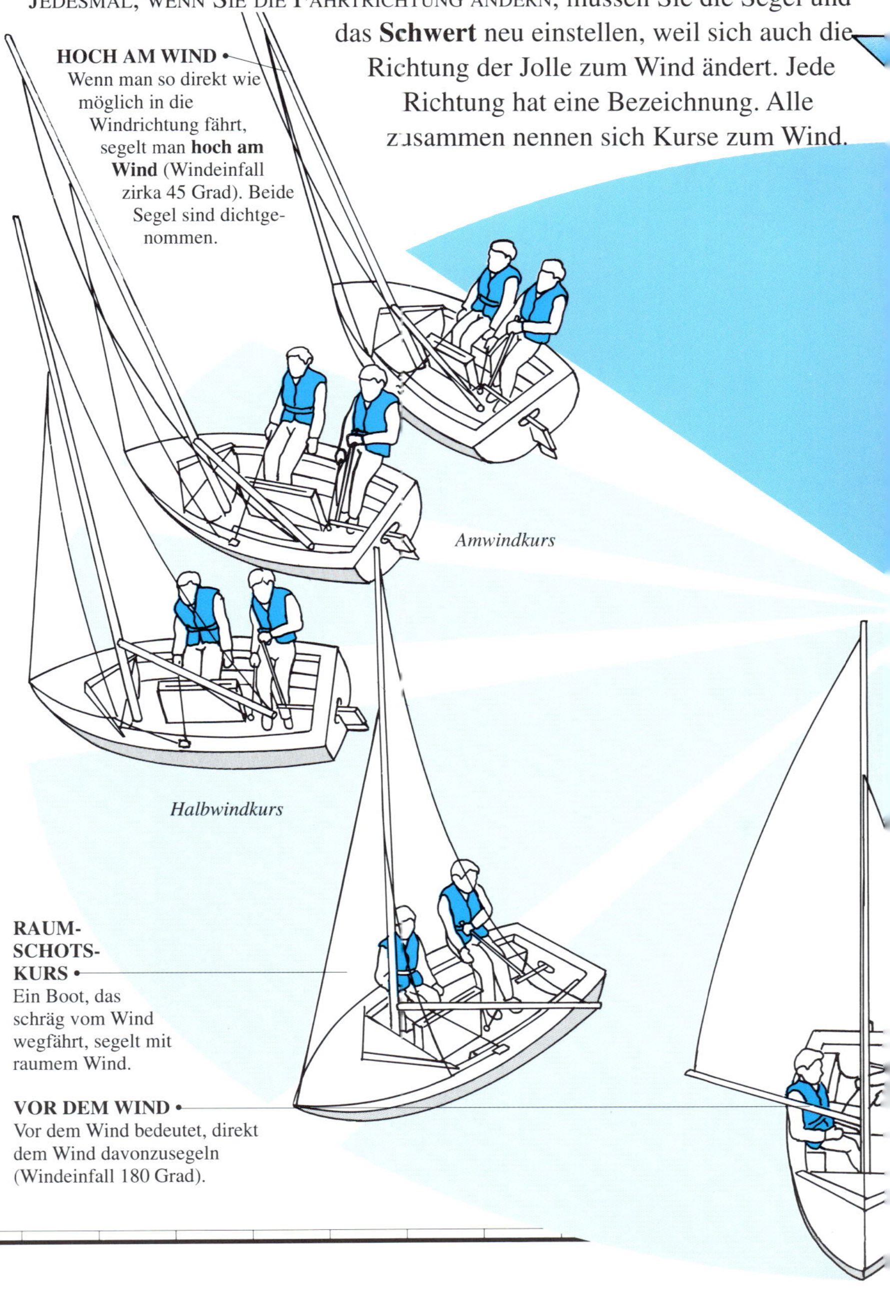

RAUM-SCHOTS-KURS •
Ein Boot, das schräg vom Wind wegfährt, segelt mit raumem Wind.

VOR DEM WIND •
Vor dem Wind bedeutet, direkt dem Wind davonzusegeln (Windeinfall 180 Grad).

• UNERREICHBARE ZONE
Es ist unmöglich, direkt gegen den Wind zu segeln. Kurse um 45 Grad zum Wind sind auf jeder Seite maximal möglich. Das bedeutet, daß es einen Quadranten gibt, in den man nicht direkt segeln kann. Um in die Windrichtung vorwärts zu kommen, muß man im Zickzack hoch am Wind segeln, was Kreuzen genannt wird.

AMWINDKURS •
Wenn man mit leicht gefierten (gelösten) Segeln etwas weniger dicht zum Wind als **hoch am Wind** segelt, nennt man das **Amwindkurs** (Windeinfall zirka 50 bis 75 Grad).

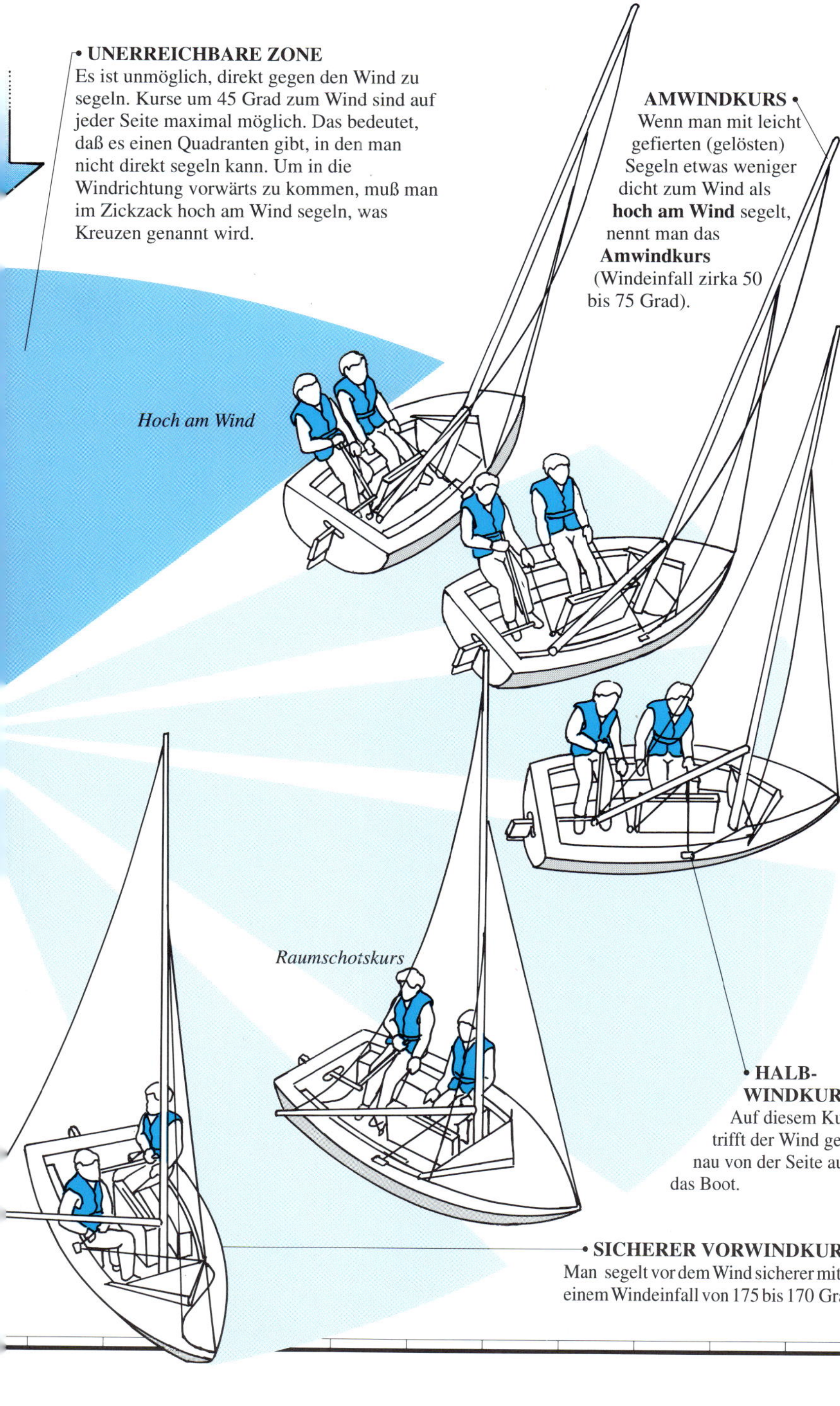

• HALB-WINDKURS
Auf diesem Kurs trifft der Wind genau von der Seite auf das Boot.

• SICHERER VORWINDKURS
Man segelt vor dem Wind sicherer mit einem Windeinfall von 175 bis 170 Grad.

DIE PRAXIS

Der Zeitplan für einen Intensivkurs

DER KURSUS IST IN ZWÖLF AUFGABEN UNTERTEILT. Wählen Sie ein paar Tage bei beständiger Wetterlage und leichten Winden aus. Am sichersten ist, auf einem ruhigen Binnenrevier zu üben, da es dort keinen Strom gibt. Wollen Sie an der Küste segeln, wählen Sie Übungszeiten nahe den Zeiten von Hoch- oder Niedrigwasser: Dann ist sehr wenig Strom und zeitweise Stauwasser. Sagen Sie immer jemandem, wo Sie hinsegeln und wann Sie zurückkehren.

Schmetterling

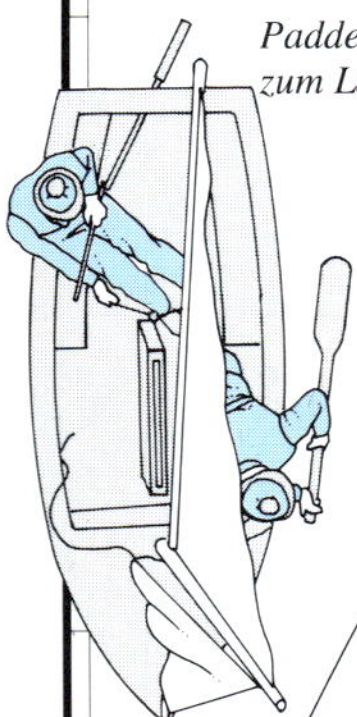

Paddeln zum Land

		Stunden	Seiten
AUFGABE 1	Aufriggen	1	28–31
AUFGABE 2	Slippen	½	32–33
AUFGABE 3	Ablegen	½	34–37
AUFGABE 4	Raumschots segeln	1	38–41
AUFGABE 5	Wenden und kreuzen	1½	42–47
AUFGABE 6	Hoch am Wind	1	48–51
AUFGABE 7	Anlegen	½	52–55

Raumschots

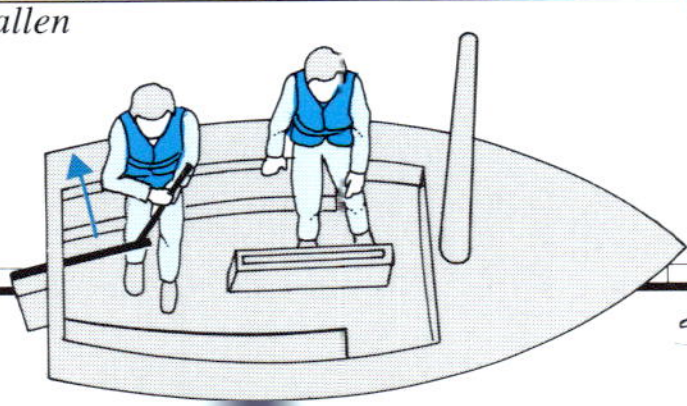

Abfallen

Aufrichten e ner gekente ten Jolle

DIE SYMBOLE IN DEN AUFGABEN

UHR
Das Uhrensymbol gibt an, wieviel Zeit Sie für eine Aufgabe verwenden sollten und wie die Übung in einen 6-Stunden-Tag paßt: Das graue Segment zeigt, wieviel Zeit sie an dem Tag bereits für andere Aufgaben verwendet haben. Das blaue Segment hebt die empfohlene Zeit für die Aufgabe hervor.

MINI-SEQUENZ
Das blaue Boot in der gezeichneten Abfolge zum Beginn jeder Aufgabe hebt die Situation hervor, die in den Fotos detailliert beschrieben wird.

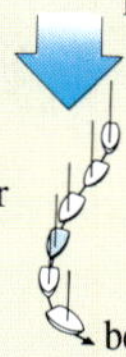

Der große blaue Pfeil steht für die Windrichtung in der gezeichneten Sequenz und in den Fotos. In den noch kleineren gezeichneten Abfolgen zu den einzelnen Stufen der Aufgaben markiert das blaue Boot, wie die jeweilige Stufe in die Sequenz paßt.

SCHWIERIGKEIT •••••
Jede Aufgabe wird in ihrer Schwierigkeit bewertet. Ein Punkt symbolisiert einfache Erlernbarkeit; fünf Punkte beziffern die kompliziertesten Aufgaben.

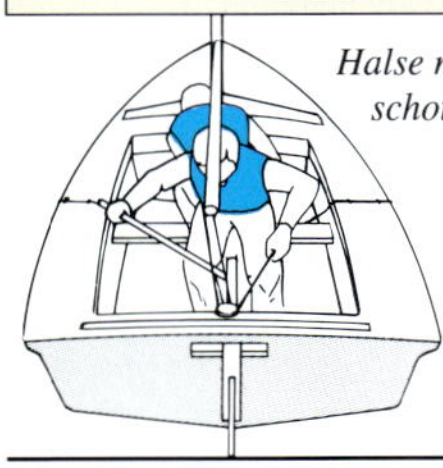

Halse mit Großschot am Heck

Stufen beim Auftakeln einer Jolle

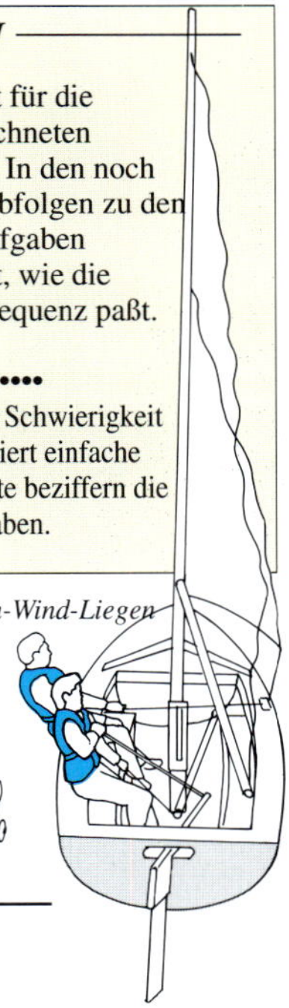

Im-Wind-Liegen

	Stunden	Seiten
AUFGABE 8 Vor dem Wind segeln	1	56–59
AUFGABE 9 Halsen	1	60–65
AUFGABE 10 Kreis absegeln	2	66–69
AUFGABE 11 Kentern	1	70–75
AUFGABE 12 Mann über Bord	1	76–77

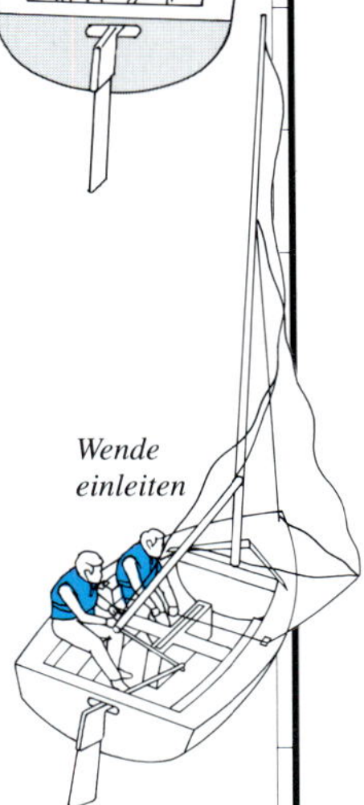

Wende einleiten

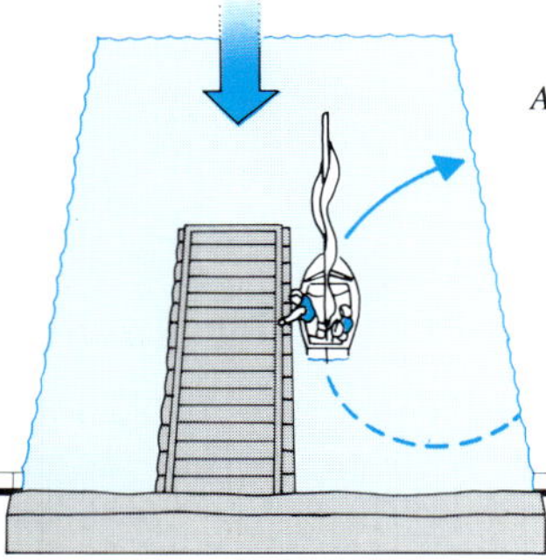

Anlegen am Steg

„Klar zur Wende“

Wenden bei halbem Wind

AUFGABE

1 Aufriggen

Das Vorbereiten der Jolle zum Segeln

Die Jolle wird noch an Land aufgeriggt. Dazu gehört das Stellen des Mastes, der entweder auf dem Deck steht (siehe unten) oder im Schiff auf dem Boden (siehe Kasten, rechts). Dann werden die Segel befestigt, gesetzt, sowie Ruder und Pinne vorbereitet.

ZIELSETZUNG: Richtiges Anbringen der Einzelteile für sicheres und effektives Segeln. *Schwierigkeit:* ••

1. Schritt

Das Mastsetzen

Am einfachsten ist, wenn eine Person den **Mast** hochhebt und eine zweite bereitsteht, um das **Vorstag** anzubringen. Bevor der Mast gestellt wird, muß sicher sein, daß keine Stromkabel im Weg sind.

DER MAST
Heben Sie den **Mast** so an, daß die Hände möglichst weit auseinander liegen (besserer Hebelarm) und halten Sie das Rohr möglichst senkrecht.

WANTEN
Bei den meisten an Deck zu stellenden **Masten** können die **Wanten** befestigt werden, bevor man den Mast stellt.

VORSTAG
Befestigen Sie das **Vorstag,** nachdem der **Mast** in Position steht, und bringen Sie es nicht vorher auf Zug.

RUMPF
Wenn der **Bug** mit dem Slipwagen leicht nach unten geneigt werden kann, hilft das beim Stellen des Mastes.

LEINEN
Binden Sie alle Leinen weiter oben am **Mast** fest, damit sie beim Mastsetzen nicht unter dem Mastfuß eingeklemmt werden können.

MAST IM SCHIFF

Viele Jollenmasten stehen im Schiff auf dem Boden und werden zusätzlich durch einen Schlitz im Deck geführt.
1. Halten Sie den **Mast** fest, während ein Helfer die Wanten befestigt.
2. Führen Sie den Mastfuß auf seinen Beschlag und ziehen Sie am **Vorstag**, um den Mast zu stellen.
3. Befestigen Sie das Vorstag am Bugbeschlag und schließen Sie den Decksschlitz.

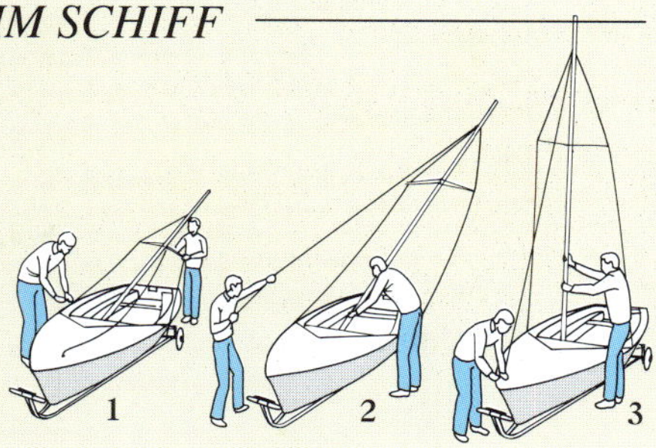

2. Schritt

DAS FOCKSETZEN

Wenn Sie die Jolle an Land vorbereiten, wird normalerweise die **Fock** eher als das **Großsegel** hochgezogen.

FALL-HAKENLEISTE •
Nachdem die **Fock** gesetzt ist, hängen Sie die Schlaufe im Draht unter Spannung über die gezahnte Leiste und schießen das übrige **Fall** auf.

VORSCHOTER •
Prüfen Sie, ob das **Fockfall** klar ist. Um das Segel zu setzen, ziehen Sie an dem **Fall,** bis die Bucht unten aus der Rolle im Mast hervorkommt.

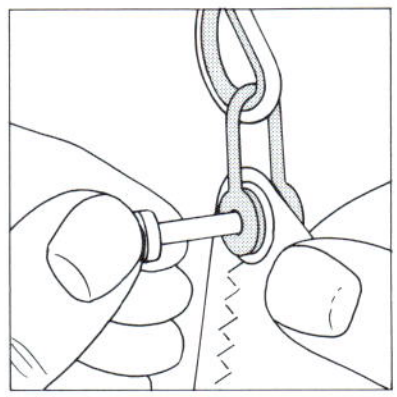

• **FALL**
Bevor die **Fock** gesetzt wird, schäkelt man das **Fall** an den **Kopf** der **Fock.**

FOCKSCHIENE •
Führen Sie die **Fockschoten** durch ihre Holepunkte. In die Tampen (Enden) der Schoten schlägt man je einen Achtknoten.

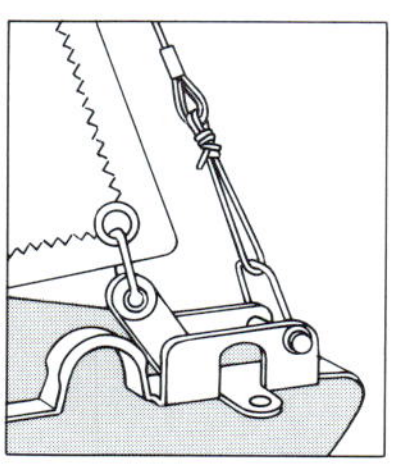

FOCKHALS •
Bevor die **Fock** gesetzt wird, schäkelt man die Öse in der unteren vorderen Ecke des Segels möglichst dicht (das ist effektiver) an den Bugbeschlag.

AUFGABE

3. Schritt

1 GROSS-SEGEL SETZEN

Das **Großsegel** wird zum Setzen vorbereitet. Wichtig: Der **Bug** muß in den Wind zeigen.

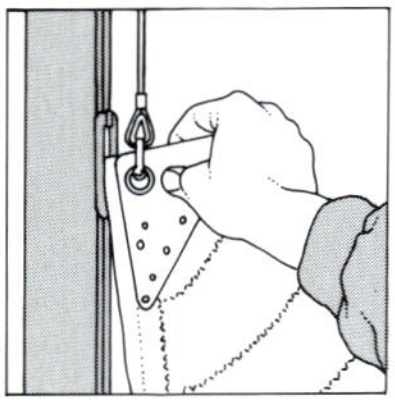

GROSSFALL
Bevor Sie das **Großfall** an den Kopf des **Großsegels** anschlagen **(s. links),** schauen Sie den **Mast** hoch: Läuft das **Fall** klar und nicht um die **Wanten?**

• GROSS-SEGEL
Nachdem das **Großsegel** am **Baum** befestigt ist, legen Sie das **Großsegel** locker ins Schiff und stellen sicher, daß das **Vorliek** (Vorderkante) nicht verdreht ist und einfach gesetzt werden kann.

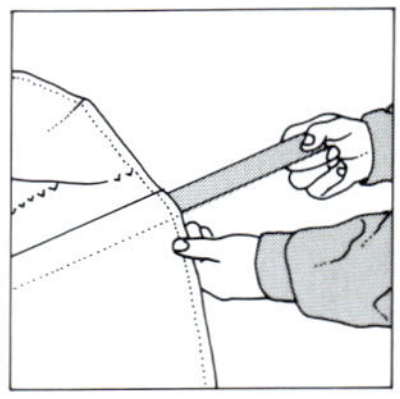

• SEGELLATTEN
Schieben Sie diese dünnen, flexiblen Latten aus Holz oder Kunststoff in die angenähten Taschen am **Achterliek** (Hinterkante) des **Großsegels.** Die Latten stabilisieren das Großsegelprofil.

• VORSCHOTER
Führen Sie das **Vorliek** des **Großsegels** in die Nut (Schlitz) an der Hinterkante des **Mastes** ein, während der Steuermann das Segel setzt.

• BAUM
Das **Groß-segel-Unterliek** wird am **Baum** befestigt: Schäkeln Sie den **Hals** (vordere, untere Ecke des Segels) vorne fest und binden Sie das **Schothorn** (hintere Ecke) an das Baumende.

STEUERMANN •
Ziehen Sie gleichmäßig am **Fall,** um das **Großsegel** zu setzen. Befestigen Sie das **Fall** an dem dafür vorgesehenen Beschlag.

BAUM MIT NUT
Viele Jollen haben ein offenes **Unterliek,** das nur mit dem **Schothorn** und dem **Hals** befestigt ist (siehe oben). Üblicher ist es, das **Unterliek** in einer Nut zu fahren.

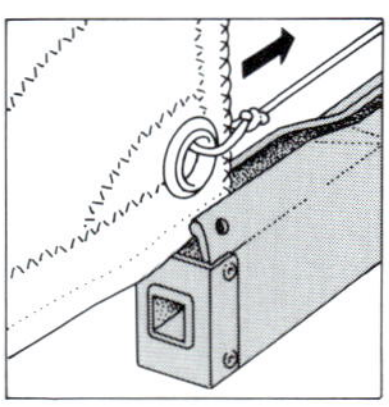

1. Führen Sie das **Unterliek** mit dem **Schothorn** voran in das **Baum**-Vorderende.

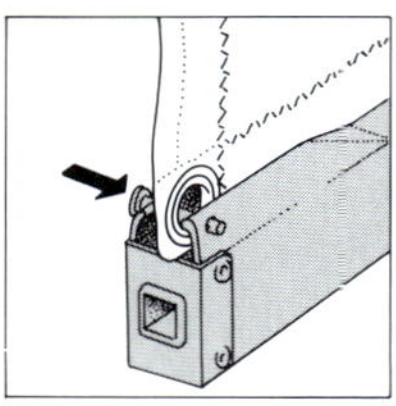

2. Sichern Sie den **Hals** mit einem Bolzen am **Baum** (typbedingt).

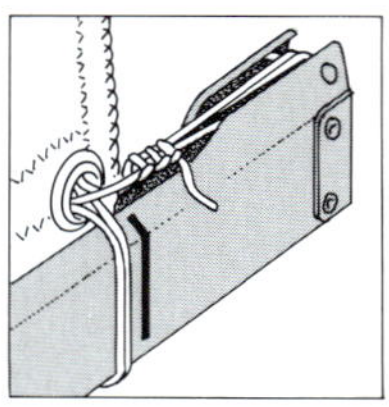

3. Sichern Sie das **Schothorn** mit einem Bändsel (Knoten: halbe Schläge).

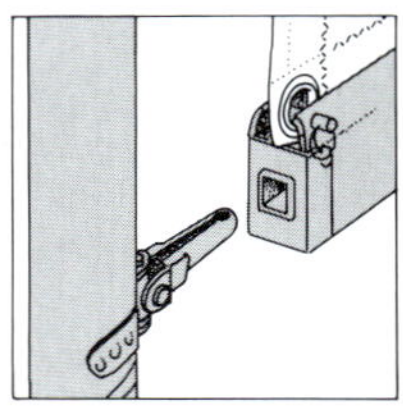

4. Nachdem das **Großsegel** gesetzt ist, stecken Sie den **Baum** auf das Lümmellager.

GROSS-SCHOT-SYSTEME

Auf Zweimannjollen gibt es zwei unterschiedliche **Großschot**-Arrangements: die zentrale **Großschot** im Cockpit und die **Großschot** am **Heck.**

ZENTRAL-GROSS-SCHOT

Die meisten modernen Jollen sind mit einer zentralen **Großschot** ausgerüstet. Auf den Jollen vom Typ Laser läuft eine zweipartige Schot auf einer Leine am **Heck,** wird am **Baum** entlang nach vorne geführt und dort nach unten zu einem **Knarrblock** geleitet. Andere Jollen haben drei- bis vierpartige **Schoten** in der **Baummitte.**

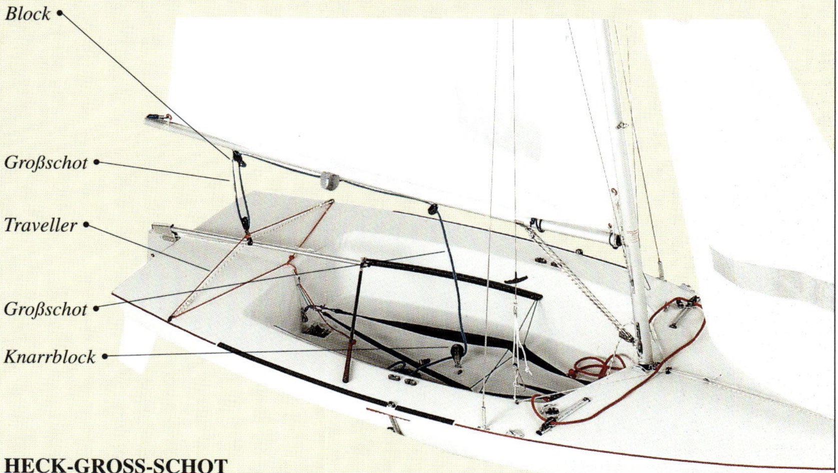

HECK-GROSS-SCHOT

Auf einigen älteren Jollen, meist zum Fahrtensegeln konstruiert, gibt es noch die **Großschot** am **Heck.** Dieses System schafft Platz im Cockpit für einen weiteren Mitsegler. Der obere **Block** ist meistens an einem drehbaren Beschlag am Baumende befestigt und der untere **Block** rutscht, an einem Schlitten montiert, auf einer Schiene über dem **Spiegel.**

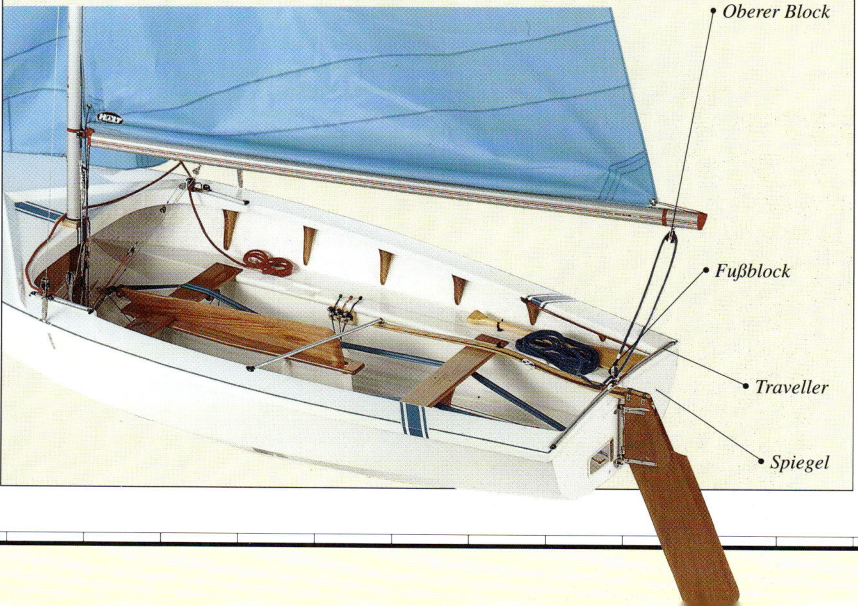

AUFGABE

2 SLIPPEN

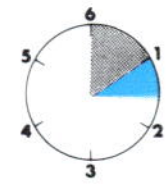

Das Zuwasserlassen des Bootes, ohne es zu beschädigen

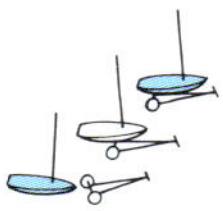

JOLLEN WERDEN BEIM SLIPPEN EHER BESCHÄDIGT als auf dem Wasser. Wenn Sie die folgenden Hinweise beachten, verhindern Sie Kratzer am Rumpf, die schlecht aussehen, das Boot bremsen und zu größeren Rumpfschäden führen können. Die Rollen von Vorschoter und Steuermann sind bei dieser Aufgabe austauschbar.

ZIEL: Das Zuwasserlassen der Jolle (Slippen), ohne mit dem Rumpf den Boden zu berühren. **Schwierigkeit: •**

1. Schritt

REINSCHIEBEN

Das Boot muß jetzt fertig zum Segeln sein. Schließen Sie eventuelle Lenzlöcher (Wasserabläufe) im Spiegel und in den Lufttanks.

RUDER
Schwenken Sie das **Ruderblatt** völlig nach oben und sichern Sie es in dieser Position. Ist dies nicht möglich, bringen Sie das gesamte **Ruder** erst im Wasser an.

STEUERMANN UND VORSCHOTER
Lassen Sie die **Bugleine** immer am Slipwagen angebunden, wenn Sie das Boot an Land bewegen. Drükken Sie dabei auf den **Bug:** Dadurch hebt sich das Heck, das so nicht mehr den Boden berühren kann.

SLIPWAGEN
Ein spezieller, kleiner Slipwagen ist einfacher zu bewegen, schont das Boot und erspart einige Wartungsarbeiten am Straßentrailer.

STRASSENTRAILER
Wasser – insbesondere Salzwasser – bringt Metall zum Korrodieren, also sollte man den Straßentrailer auf dem Trockenen lassen. Das schont Radnabe und Lager.

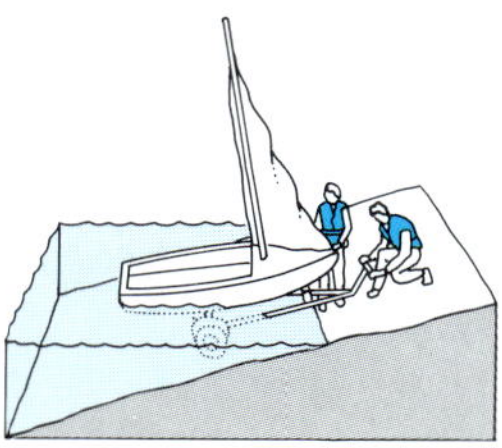

1. Schieben Sie den Slipwagen gerade in das Wasser. Der **Bug** ist dabei immer noch mit der Vorleine befestigt.

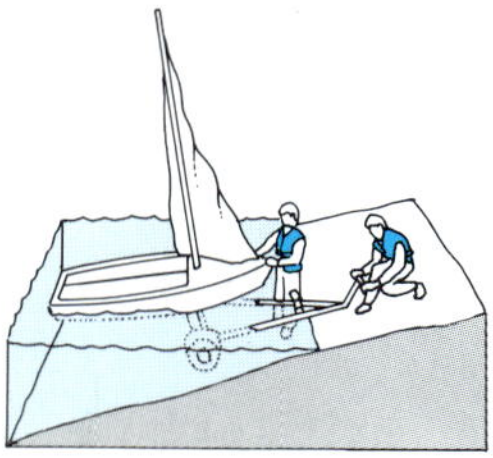

2. Die Leine wird gelöst und der Wagen weiter in das Wasser geschoben, bis das Boot vollständig schwimmt.

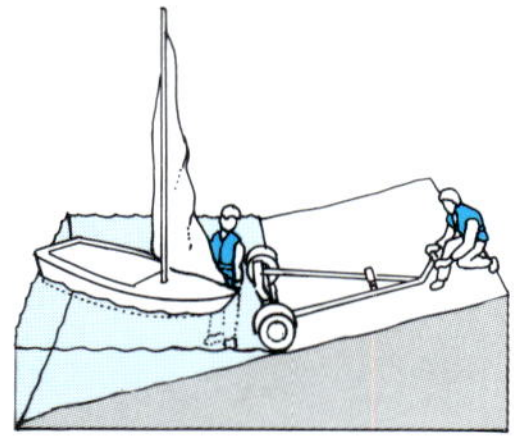

3. Ziehen Sie den Slipwagen unter dem Boot heraus, machen Sie die Slipbahn frei und stellen Sie den Wagen gut oberhalb der Hochwassergrenze ab.

2. Schritt

BOOT SCHWIMMT

Schieben Sie das Boot weit genug ins Wasser, damit die Jolle richtig frei schwimmt. Seien Sie dabei nicht versucht, das Boot vom Wagen zu schieben, um nicht naß zu werden – der Rumpf könnte den Grund berühren.

• VORSCHOTER
Wenn das Boot vom Slipwagen schwimmt, halten Sie es mit beiden Händen im tiefen Wasser fest, so daß es nicht den Grund berühren kann. Beachten Sie dabei auch die Windrichtung.

• DIE JOLLE
Sobald das Boot frei schwimmt, wirken Wind und Wellen auf **Rigg** und Rumpf. Kontrollieren Sie jede entsprechende Bewegung.

• STEUERMANN
Ziehen Sie den Slipwagen aus dem Wasser und parken Sie ihn deutlich oberhalb der Hochwassergrenze. Lassen Sie dabei Platz für die anderen Segler.

AUFSLIPPEN

Der Vorgang des Aufslippens nach dem Segeln verläuft genau umgekehrt wie das beschriebene Abslippen. Eine Person hält das schwimmende Boot fest, während die andere den Slipwagen in das Wasser fährt. Zusammen schiebt man dann die Jolle über den Wagen.

AUFGABE

3 Ablegen

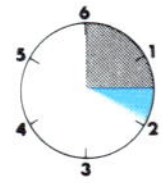

Die Windrichtung bestimmt, wie man ablegt

Es gibt zwei prinzipielle Methoden, abzulegen. Entscheidend ist, ob der Wind auflandig oder ablandig weht.

ZIEL: Das sichere Verlassen der Slipbahn, egal bei welcher Windrichtung. **Schwierigkeit: •••**

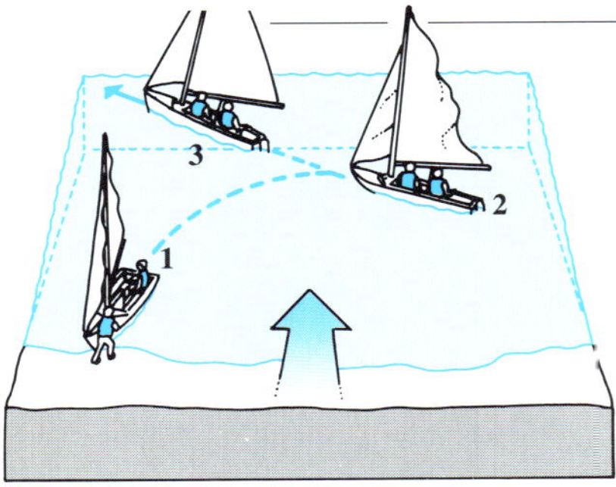

KÜSTE IN LUV
Mit etwas Wind in den Segeln und durch einen Schubs des Vorschoters treibt das Boot von Land weg (1). Bevor das Boot aufhört rückwärts zu fahren, müssen Sie in die gewünschte Richtung steuern (2). Dann ziehen Sie die **Schoten** an, um wegzusegeln (3).

1. Schritt

Abschieben

Die Segel sind gesetzt, der Steuermann ist an Bord – es geht los. Mit genügend Platz zu jeder Seite ist dies die einfachste Methode, das Land zu verlassen.

STEUERMANN •
Seien Sie bereit zu steuern, wenn der Vorschoter das Boot wegschubst. Stellen Sie das **Ruderblatt** in die Richtung, in die sich das **Heck** drehen soll.

VORSCHOTER •
Sie stehen am Vorschiff im Wasser und geben dem Boot einen kräftigen Schubs nach hinten, so daß der Steuermann genug Fahrt im Schiff zum Steuern hat. Gleichzeitig klettern Sie an Bord.

• **RUDER UND SCHWERT**
Stecken Sie das Schwert zur Hälfte in das Wasser und senken Sie das Ruderblatt so weit wie möglich ab.

2. Schritt

LOSSEGELN

Während die Jolle aufhört, rückwärts zu fahren, muß der **Bug** in die gewünschte Richtung zeigen. Wenn Sie das erreicht haben, ziehen Sie an den Schoten, um vom Land freizukommen.

PINNE
Sobald die Jolle aufgehört hat, rückwärts zu fahren, legen Sie die **Pinne** mittschiffs. Falls Sie weiter abfallen wollen, muß die **Großschot** locker sein.

SEGELTRIMM
Die dichtgenommene **Fock** hilft dem Boot beim **Abfallen** (s. S. 23). Also wird zuerst die **Fock,** dann das Großsegel dichtgenommen. Um die Segel richtig einzustellen, fiert man die **Schoten,** bis das **Vorliek** flattert, und nimmt sie wieder etwas dichter.

VORSCHOTER
Sobald Sie an Bord sind, balancieren Sie das Boot so aus, daß es gerade schwimmt. Bei leichtem Wind sitzen Sie dabei in **Lee,** ansonsten in **Luv** (Foto). Dann **trimmen** Sie die **Fock.**

STEUERMANN
Wählen Sie den besten Kurs in das Segelgebiet, um die Jolle von allen Hindernissen in Landnähe freizuhalten. Prüfen Sie, ob alles im Boot gesichert ist, und trimmen Sie das Großsegel.

ABLANDIGER UND AUFLANDIGER WIND

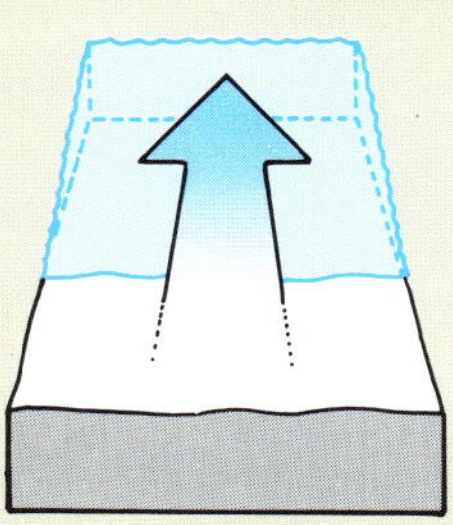

Luvküste

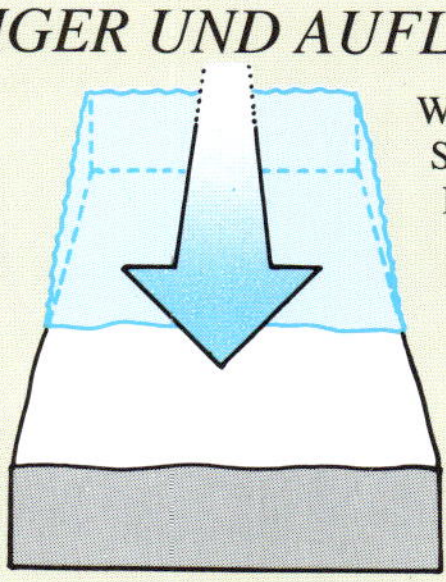

Leeküste

Wenn Sie einen Slipplatz suchen, denken Sie daran, daß das Ablegen von einer Luvküste einfacher ist.

LUVKÜSTE
Der Wind weht von Land weg **(Landwind).**

LEEKÜSTE
Der Wind weht vom Wasser auf die Küste **(Seewind).**

AUFGABE

3

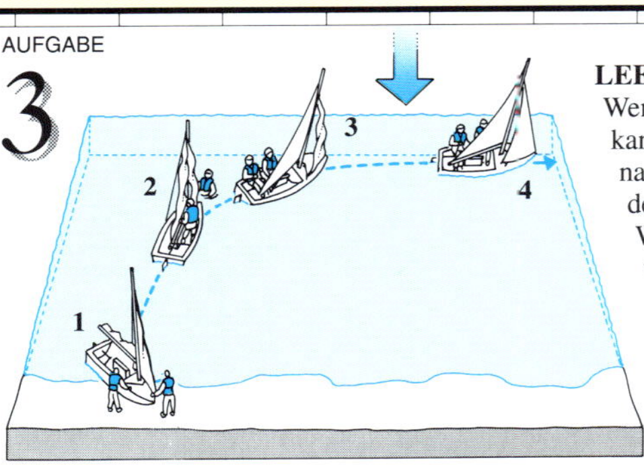

LEEKÜSTE

Wenn der Wind auf die Küste weht **(Seewind),** kann das **Großsegel** erst gesetzt werden, nachdem die Jolle abgeslippt wurde (1) und der **Bug** im Wind liegt (2). Senken Sie im Wasser **Ruderblatt** und **Schwert** so weit wie möglich ab. Der Vorschoter schiebt das Boot beim Einsteigen ab (3), und dann wählt der Steuermann einen Kurs in tieferes Wasser.

3. Schritt

Abschieben

Um schnell Vortrieb in die Segel zu bekommen, nimmt der Steuermann das Großsegel dichter, während der Vorschoter im Wasser den Bug in die gewünschte Richtung schiebt.

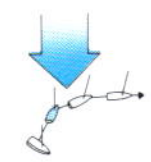

FOCK • Nehmen Sie die **Fock** erst dicht, wenn sich das Boot in die richtige Richtung bewegt. Dann wird wieder die **Fockschot** gezogen, bis das Segel aufhört zu flattern.

GROSS-SEGEL Weil das **Großsegel** den Hauptvortrieb am Wind liefert und den **Bug** in die Windrichtung drücken möchte, sollte es dichtgenommen werden, sobald der Vorschoter das Boot anschiebt.

VORSCHOTER Nachdem Sie das Boot vorwärts in die gewünschte Richtung geschoben haben und an Bord geklettert sind, nehmen Sie die **Fock** dicht und senken das **Schwert** so weit ab, wie es die Wassertiefe erlaubt.

STEUERMANN Steuern Sie einen Kurs schräg von Land weg in tieferes Wasser.

RUDER UND PINNE Sobald es geht, muß das **Ruderblatt** für die optimale Steuerfähigkeit der Jolle vollständig abgesenkt werden. Ist die **Pinne** schwer zu bewegen, deutet das darauf hin, daß Sie vergessen haben, das **Ruderblatt** abzusenken.

4. Schritt

FREISEGELN

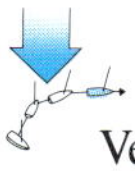

Wählen Sie einen Kurs, der Sie schnell in tiefes Wasser bringt. Versuchen Sie nicht, ohne vollständig abgesenktes **Ruder** und **Schwert** direkter als rund 50 Grad zur Windrichtung zu steuern.

VORSCHOTER
Wirken Sie dem **Krängen** des Bootes (Schräglage) mit Ihrem Körpergewicht entgegen. Beobachten Sie den Kurs und stellen Sie sicher, daß keine Hindernisse und andere Boote in der Fahrtrichtung liegen.

SEGEL
Trimmen Sie erst die **Fock,** dann das **Großsegel,** so wie es auf Seite 35 beschrieben ist.

STEUERMANN
Sobald Sie tiefes Wasser erreicht haben, konzentrieren Sie sich auf den **Segeltrimm** und Hindernisse und weniger darauf, möglichst **hoch am Wind** zu segeln.

UNTERSCHIEDLICHE VORGABEN

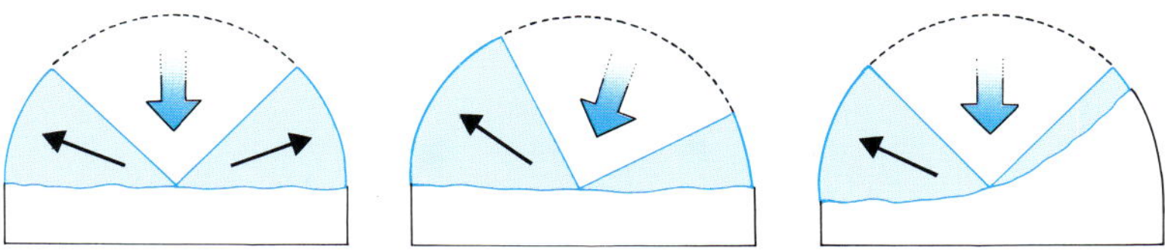

Die Wege weg von einer **Leeküste** sind begrenzt.

Winddrehungen können eine Richtung begünstigen.

Der Küstenverlauf hilft bei der Richtungswahl.

SLIPPEN IN TIEFES WASSER

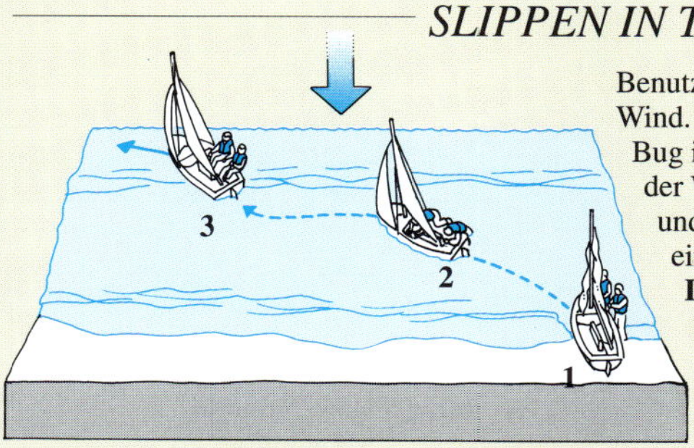

Benutzen Sie diese Methode bei auflandigem Wind. Slippen Sie das Boot ab, drehen Sie den Bug in den Wind und setzen Sie die Segel an der Wasserkante (1). Bringen Sie **Ruder** und **Pinne** an. Entscheiden Sie sich für einen Kurs und stellen Sie sich auf die **Luvseite.** Wenn eine Welle das Boot schwimmen läßt, schieben Sie es in das Wasser, steigen ein (2) und segeln sich frei. Senken Sie **Ruder** und **Schwert** ab (3).

AUFGABE

4 RAUMSCHOTS

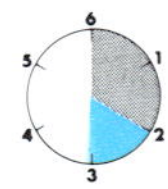

Alle Kurse bis auf hoch am Wind und Vorwind

RAUMSCHOTS ODER RAUME KURSE sind genaugenommen alle Kurse, auf denen man ein Ziel mit gefierten Segeln ohne Wende erreicht. In der deutschen Segelsprache jedoch ist ein **Raumschotskurs,** wenn man zwischen **halbem Wind** (trifft im rechten Winkel auf das Schiff) und vor dem Wind (trifft genau von achtern auf) segelt.

ZIEL: Raumschots segeln und dabei die Segel trimmen und das Boot ausbalancieren. **Schwierigkeit: •**

HALBER WIND

Der Wind bläst im rechten Winkel direkt auf die Bootsseite.

STEUERMANN •
Sitzt auf der **Luvseite** und justiert die **Großschot** bei jeder Winddrehung.

• PINNE
Halten Sie den **Pinnenausleger (Pinnenverlängerung)** wie einen Dolch, suchen Sie sich einen festen Punkt an Land und steuern Sie mit möglichst wenig **Ruderbewegungen** darauf zu.

VORSCHOTER •
Bedient die **Fockschot,** hält dabei das Boot mit seinem Körpergewicht gerade und sitzt bei leichtem Wind dazu in **Lee.**

GROSS-SEGEL •
Fieren Sie das **Großsegel** mit der **Großschot,** bis das **Vorliek** flattert, und nehmen Sie die **Schot** dann wieder etwas dichter.

FOCK •
Falls Windfäden (s. S. 40) benutzt werden, sollten diese auf beiden Seiten des Segels nach hinten wehen.

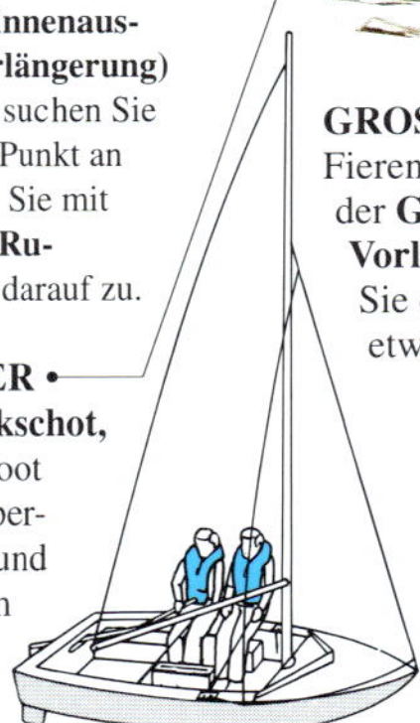

SEITENANSICHT
Um den Wasserwiderstand zu verringern, ist das **Schwert** zur Hälfte hochgenommen. Das funktioniert, weil die **Abdrift raumschots** schwächer ist.

DER GEWICHTSTRIMM

WAAGERECHTER RUMPF
Das Boot segelt am besten, wenn es seitlich gesehen waagerecht liegt. Dabei sollte die Crew eng zusammensitzen, was das Boot ebenfalls schneller macht.

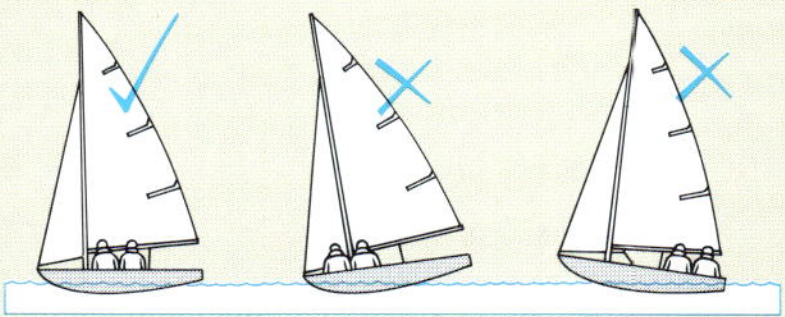

GEWICHT HINTEN
Bei stärkerem Wind, besonders **raumschots,** verlagern Sie Ihr Gewicht nach hinten, um den **Bug** aus dem Wasser zu heben. Übertreibt man das, schleppt das **Heck** zu sehr durch das Wasser, und das Boot wird langsamer.

GEWICHT VORNE
Bei leichtem Wind setzt sich die Crew weiter nach vorne, um das **Heck** aus dem Wasser zu heben, was die **Abdrift** reduziert. Sitzt man zu weit vorne, wird das Boot langsamer.

RAUMSCHOTS

Der Wind trifft zwischen Heck und Seite auf das Boot.

SCHWERT
Auf einem **Raumschotskurs** ist die **Abdrift** gering, also holen Sie das **Schwert** um zwei Drittel nach oben. Ein **Steckschwert** sollte nicht höher, als der **Baum** hängt, herausgezogen werden, da es sonst behindert.

• PINNE
Steuern Sie einen geraden Kurs mit wenig **Ruderausschlägen.** Zum Abfallen lösen Sie die **Großschot.**

• STEUERMANN
Das ist ein entspannender Kurs, aber denken Sie an den **Gewichtstrimm.** Rutschen Sie nach hinten, sobald der **Bug** eintaucht.

• VORSCHOTER
Bei mittleren bis starken Winden sitzen Sie zum Ausbalancieren in **Luv,** bei leichten Winden in **Lee.**

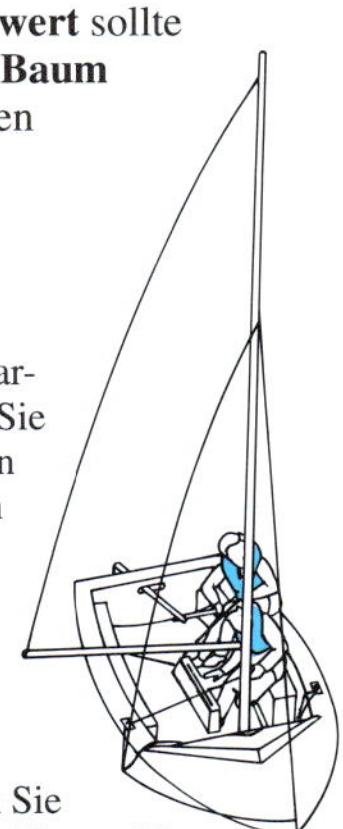

• FOCK
Trimmen Sie das Segel. **Fieren** Sie die **Schot,** bis das **Vorliek** oder der Windfaden in **Luv** flattert, und nehmen Sie es dann wieder dichter.

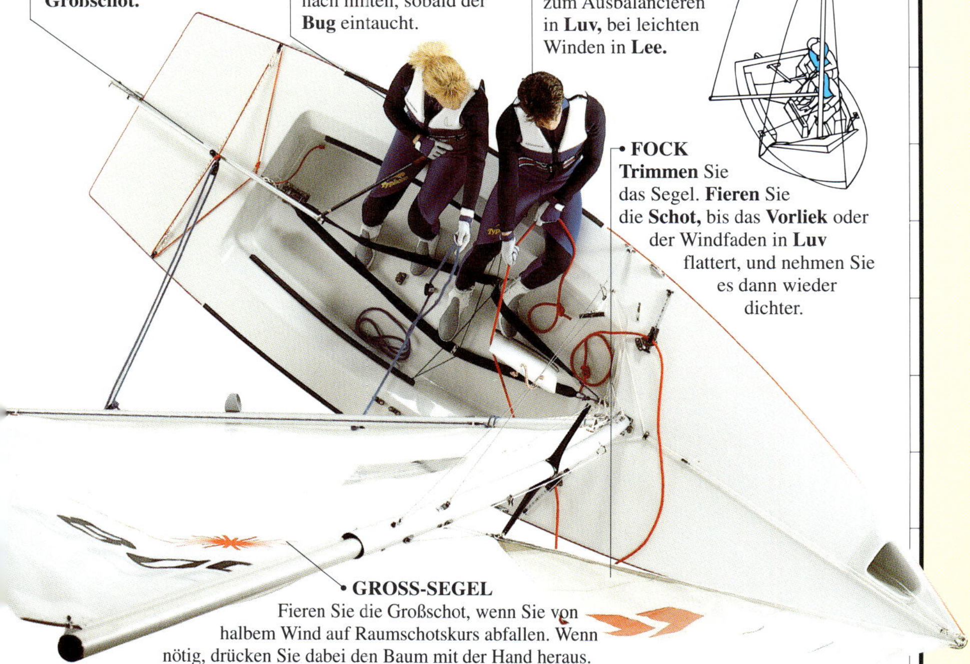

• GROSS-SEGEL
Fieren Sie die Großschot, wenn Sie von halbem Wind auf Raumschotskurs abfallen. Wenn nötig, drücken Sie dabei den Baum mit der Hand heraus.

AUFGABE

4 AMWINDKURS

Wenn das Boot mit einem Winkel zum Wind zwischen 50 bis 75 Grad segelt, ist das ein Amwindkurs.

FOCK
Beobachten Sie die **Fock** und **justieren** Sie die **Schot** bei jeder Winddrehung neu.

STEUERMANN
Konzentriert sich auf den Kurs und den **Trimm** des Großsegels.

VORSCHOTER
Balanciert das Boot und sieht nach Hindernissen.

GROSS-SEGEL
Windrichtung und -stärke sind fast nie konstant, also trimmen Sie das Segel permanent. Achten Sie darauf, nicht zu übertrimmen (nicht zu dicht zu schoten). Das stoppt ab und verursacht viel Lage.

PINNE
Begrenzen Sie die Ruderausschläge auf ein Minimum.

ANSICHT
Sie sehen, daß das **Schwert** um mindestens drei Viertel aus dem Rumpf ragt.

WINDFÄDEN
Windfäden aus Wolle oder **Spinnaker**tuch sind eine akkurate Hilfe für den optimalen Segel**trimm.** Sie sind kurz hinter dem **Vorliek** der **Fock** auf beiden Seiten fixiert.

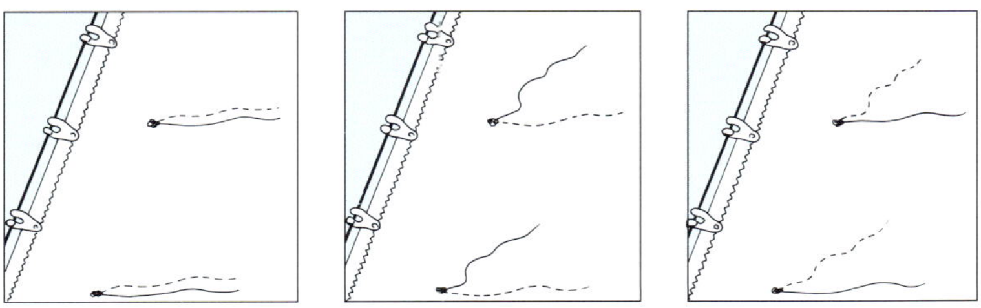

RICHTIGER TRIMM
Beide Fäden wehen nahezu parallel nach hinten.

SCHOT ZU LOSE
Luvfaden steigt: Nehmen Sie die **Schot** dichter.

SCHOT ZU DICHT
Leefaden steigt: Fieren Sie die **Schot** auf.

TECHNIKEN FÜR ZENTRAL- UND HECKSCHOT

ZENTRAL-GROSS-SCHOT

Eine Groß**schot** in der Bootsmitte erlaubt es, beide Hände zum Dichtholen zu benutzen, ohne den **Pinnenausleger** loszulassen.

1. Man zieht mit der freien (vorderen) Hand soviel **Schot** wie möglich und greift dann mit der Steuer-Hand die **Schot,** ohne den Ausleger loszulassen.
2. Mit der Steuer-Hand, die jetzt Ausleger und **Schot** hält, wird der Ausleger so weit nach hinten wie möglich geklappt, ohne dabei die Pinne zu bewegen. Dann beugt man sich in das Cockpit und greift mit der freien Hand wieder die Groß**schot** kurz vor dem **Block.**
3. Nun zieht man wieder mit der vorderen Hand soviel **Schot** wie möglich durch, schwingt die Steuer-Hand mit dem Ausleger nach vorne und wiederholt den gesamten Vorgang.

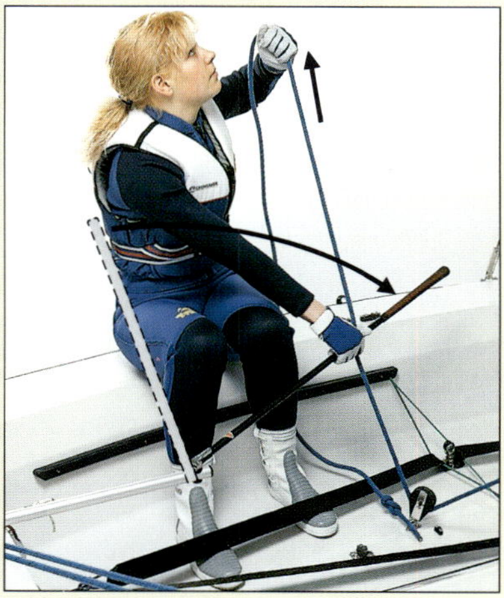

HECK-GROSS-SCHOT

Halten Sie den Ausleger mit der dichteren Hand und die Groß**schot** mit der anderen.

1. Man zieht die **Schot-**Hand am Körper vorbei und nach oben, so daß die **Schot** die Steuer-Hand berührt.
2. Klemmen Sie die Großschot mit dem Daumen der Steuer-Hand ein, was die **Schot-**Hand befreit, um den Vorgang zu wiederholen.

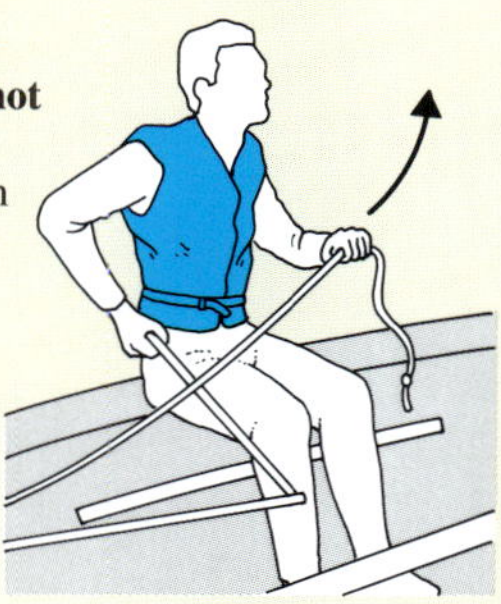

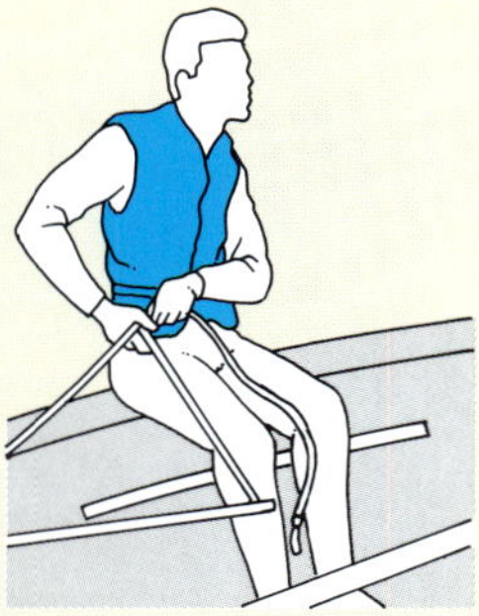

AUFGABE

5 WENDEN

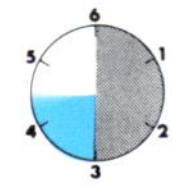

Das Boot mit dem Bug durch den Wind drehen.

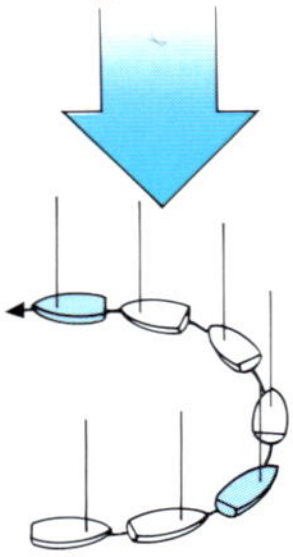

DIESES GRUNDSÄTZLICHE DREHMANÖVER wird ausgeführt, indem man **anluvt** (den Kurs in Richtung Wind verändert), bis der **Bug** direkt in den Wind zeigt und die Drehung dann fortgeführt wird, bis die Segel von ihrer anderen Seite mit Wind gefüllt sind. Man kann das Manöver in sieben Schritte unterteilen, die in den Sequenzen auf den folgenden vier Seiten gezeigt werden. Während der Drehung muß der Steuermann die Seiten wechseln, mit den Händen Groß**schot** und **Pinne** tauschen und dabei steuern. Man kann den Bewegungsablauf vorab auf dem Trockenen üben.

ZIEL: Das Boot vom Halbwindkurs auf einem Bug auf den Halbwindkurs auf dem anderen drehen und dabei Steuermann und Vorschoter koordinieren.

Schwierigkeit: •••

1. SEGELN MIT HALBEM WIND
Halten Sie das Boot gerade und **trimmen** Sie die Segel für optimale Geschwindigkeit.

2. SITUATION PRÜFEN
Der Steuermann informiert den Vorschoter über die geplante **Wende** („Klar zur Wende"). Der Vorschoter sieht sich nach Hindernissen in **Luv** um und signalisiert seine Bereitschaft („Ist klar").

3. DREHUNG EINLEITEN
Wenn der Steuermann „Ree" ruft und die **Pinne** von sich weg nach **Lee** drückt, ist die Drehung eingeleitet, und der Vorschoter läßt die **Fockschot** los (siehe gegenüber).

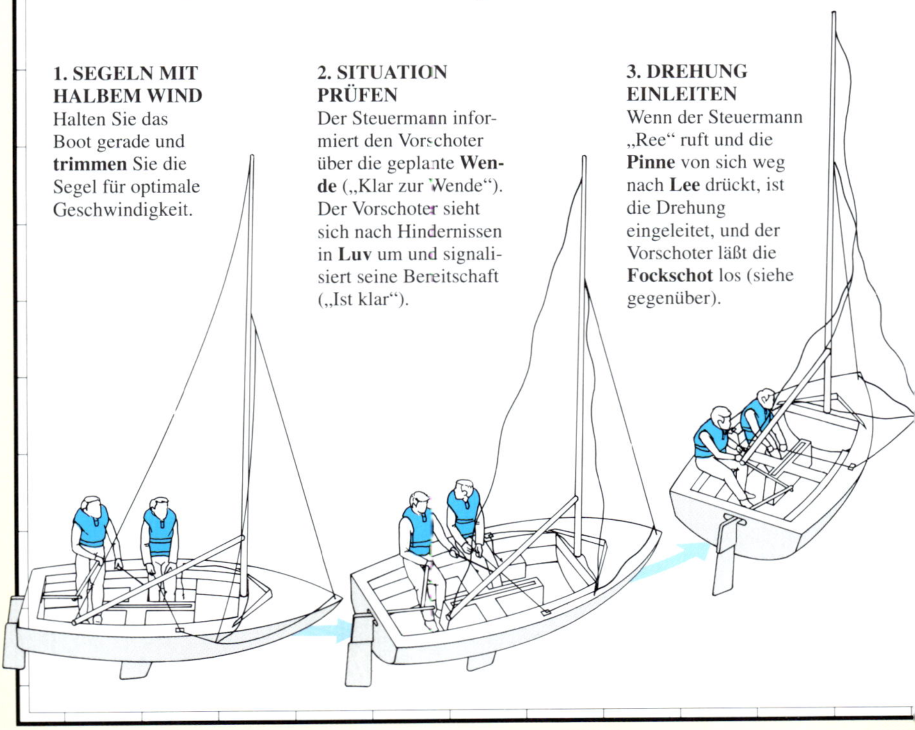

WENDE-TIPS

GEDULD
Das gesamte Manöver dauert länger, als Sie es erwarten mögen.

FOCKTRIMM
Der Vorschoter darf die **Fock** erst dichtnehmen, wenn sie über das Vorschiff auf ihre neue **Lee**seite geweht ist.

SEITENWECHSEL
Der Steuermann darf nicht zu früh auf die neue **Luv**seite wechseln; er sollte warten, bis der **Baum** in der Bootsmitte steht.

STEUERN
Der Steuermann hält die **Pinne** erst dann gerade, wenn das Boot auf dem neuen Kurs liegt.

3. Schritt

WENDE EINLEITEN

Wenn der Steuermann das Boot dreht, muß er nach vorne sehen und soll Groß**schot** und **Pinne** erst dann mit den Händen tauschen, wenn die **Wende** beendet ist.

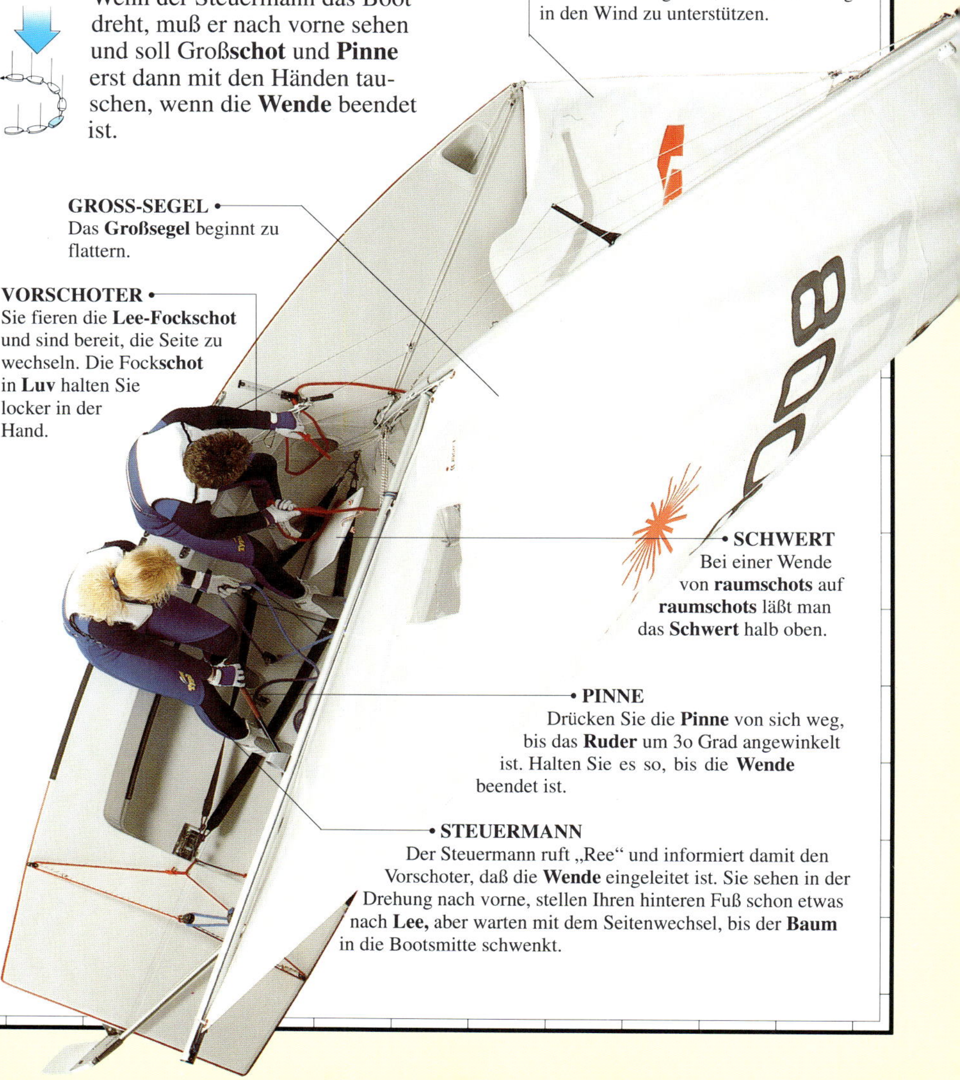

FOCK
Die **Fock** wird gefiert, um die Drehung in den Wind zu unterstützen.

GROSS-SEGEL
Das **Großsegel** beginnt zu flattern.

VORSCHOTER
Sie fieren die **Lee-Fockschot** und sind bereit, die Seite zu wechseln. Die Fock**schot** in **Luv** halten Sie locker in der Hand.

SCHWERT
Bei einer Wende von **raumschots** auf **raumschots** läßt man das **Schwert** halb oben.

PINNE
Drücken Sie die **Pinne** von sich weg, bis das **Ruder** um 30 Grad angewinkelt ist. Halten Sie es so, bis die **Wende** beendet ist.

STEUERMANN
Der Steuermann ruft „Ree" und informiert damit den Vorschoter, daß die **Wende** eingeleitet ist. Sie sehen in der Drehung nach vorne, stellen Ihren hinteren Fuß schon etwas nach **Lee,** aber warten mit dem Seitenwechsel, bis der **Baum** in die Bootsmitte schwenkt.

AUFGABE 5

7: NEUER KURS

Liegt der gewünschte neue Kurs an, tauscht der Steuermann seine Hände für Ausleger und **Schot.** Der Vorschoter bedient die Fock und balanciert das Boot aus.

6: SEGELDRUCK

Wenn sich die Segel füllen, muß die Crew neu ausbalancieren. Der Steuermann hat den **Pinnenausleger** noch in der „alten" Hand, bis das Boot sicher auf dem neuen Kurs segelt.

Zickzackkurs

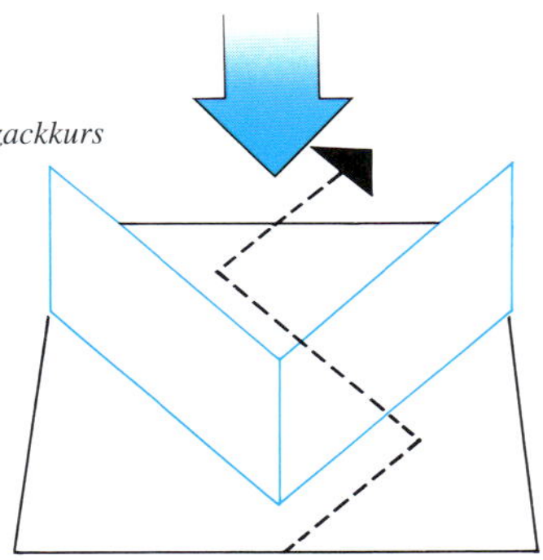

LUVRAUM GEWINNEN

Es ist nicht möglich, direkt in den Wind zu segeln. Um einen Punkt in Luv zu erreichen, fährt man daher einen Zickzackkurs (gestrichelte Linie) **hoch am Wind** mit mehreren **Wenden,** was **Kreuzen** oder Aufkreuzen genannt wird.

5: ABFALLEN

Während die Jolle beginnt **abzufallen,** setzt sich der Steuermann auf die neue **Luvseite.** Der Vorschoter balanciert das Boot aus und nimmt die **Fockschot** dicht.

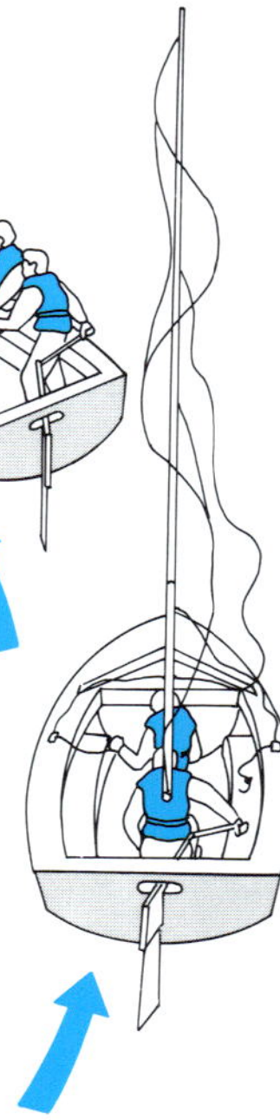

4: BUG IM WIND

Der Steuermann hält die **Pinne** von sich gedrückt, während das Boot mit dem **Bug** durch den Wind auf den neuen Kurs dreht. Der Vorschoter wartet, bis die **Fock** auf die neue **Lee**seite geweht ist, und trimmt dann die neue **Schot.**

STEUERMANN-BEWEGUNGEN

1. Leiten Sie die Wende durch Wegdrücken des **Pinnenauslegers** ein.
2. Wenn der Baum überkommt, klettern Sie auf die andere Seite. Gucken Sie dabei nach vorne und drehen Sie den Körper, ohne etwas loszulassen.
3. Steuern Sie auf dem neuen Kurs hinter dem Rücken und greifen Sie mit der Schot-Hand den Ausleger.
4. Greifen Sie die Schot mit der leeren „alten" Ausleger-Hand und klappen Sie dann den Ausleger vor Ihren Körper.

1

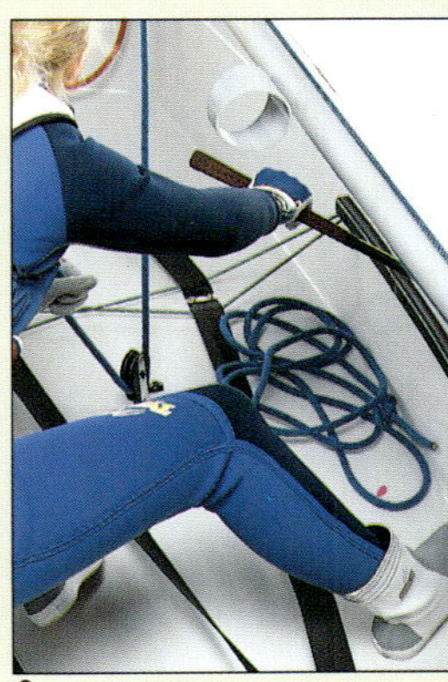

2

7. Schritt

DER NEUE KURS

Die Jolle ist nun durch den Wind gedreht. Steuermann und Vorschoter müssen jetzt auf dem neuen Kurs das Boot balancieren und die Segel **trimmen.**

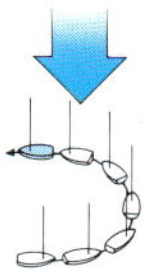

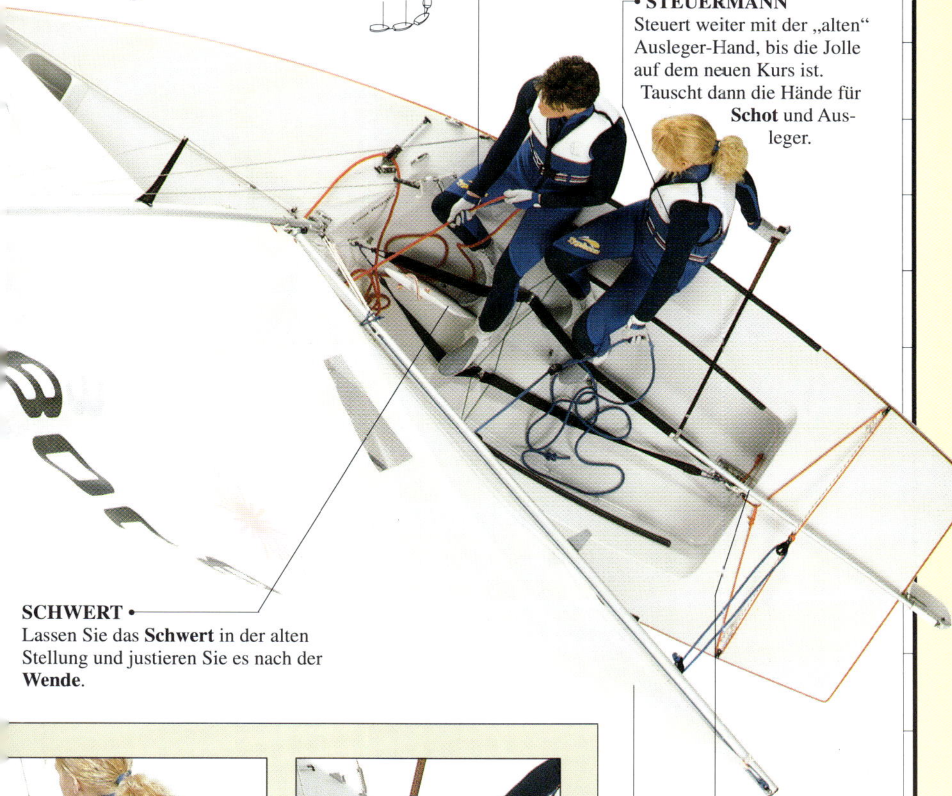

• VORSCHOTER
Balanciert das Boot aus und beobachtet die Windfäden. **Trimmt** so schnell wie möglich die **Fock** für den neuen Kurs, weil diese auch die Windströmung am **Großsegel** beeinflußt.

• STEUERMANN
Steuert weiter mit der „alten" Ausleger-Hand, bis die Jolle auf dem neuen Kurs ist. Tauscht dann die Hände für **Schot** und Ausleger.

SCHWERT •
Lassen Sie das **Schwert** in der alten Stellung und justieren Sie es nach der **Wende**.

• PINNE
Sobald die Jolle auf dem neuen Kurs segelt, reduzieren Sie die Ruderausschläge wieder auf ein Minimum.

• GROSS-SEGEL
Nach einer **Wende** von einem **Raumschotskurs** auf den anderen nimmt der Steuermann das **Großsegel** dicht, bis es nicht mehr flattert.

3

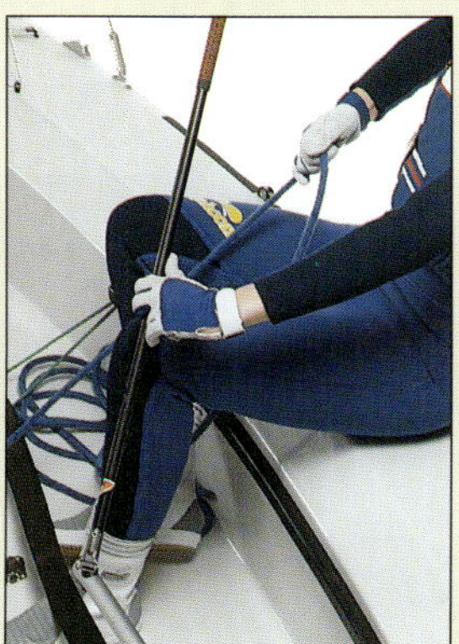

4

AUFGABE

5 WENDE-VARIATION

Nahezu alle internationalen Jollenklassen sind mit einer zentralen Groß**schot** ausgerüstet, die in der Mitte des Cockpits endet. Einige Klassen, darunter viele Strandkatamarane (Zweirumpfboote), haben eine Groß**schot** am **Heck.** Die **Wende-** und **Halsen**techniken für diese Boote sind in zwei Punkten anders: Der Steuermann tauscht die Hände für **Pinne** und Groß**schot** vor dem Manöver und nicht danach, und er sieht beim Seitenwechsel nach hinten.

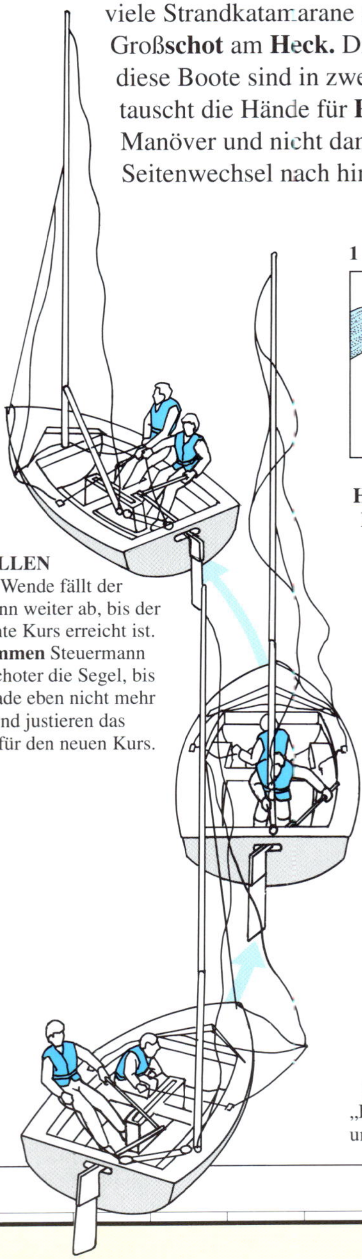

1 2

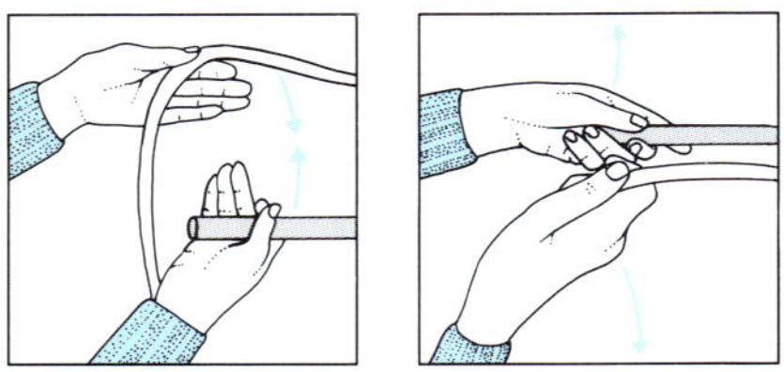

HÄNDE WECHSELN

Man wechselt die Hände vor der Wende, indem **Pinnenausleger** und Groß**schot** zusammengebracht werden. 1. Halten Sie beides zwischen Daumen und Zeigefinger; die Hände sind dabei offen. 2. Legen Sie die **Schot** in die Steuer-Hand und greifen Sie dann mit der „alten“ **Schot-**Hand den Ausleger.

3: ABFALLEN

Nach der Wende fällt der Steuermann weiter ab, bis der gewünschte Kurs erreicht ist. Dann **trimmen** Steuermann und Vorschoter die Segel, bis diese gerade eben nicht mehr flattern, und justieren das **Schwert** für den neuen Kurs.

2: BUG IM WIND

Sobald der **Baum** über die Bootsmitte schwingt, überquert der Steuermann mit Blick nach hinten das Boot. Der **Pinnenausleger** wird dabei immer noch nach **Lee** gehalten. Der Vorschoter wechselt ebenfalls die Bootsseite (siehe gegenüber).

1: WENDE EINLEITEN

Der Steuermann prüft, daß keine Hindernisse auf dem geplanten Weg liegen, ruft „Klar zur Wende“, um den Vorschoter zu warnen, und tauscht dann die Hände für Pinnenausleger und Groß**schot.** Dann ruft er „Ree“, drückt den **Pinnenausleger** von sich weg und hält ihn in dieser Stellung.

2. Schritt

BUG IM WIND

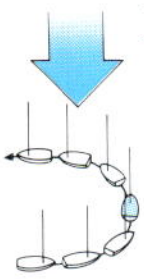

Mitten im Manöver liefern die Segel kurzzeitig keinen Vortrieb, aber das Boot dreht sich weiter. Da der Steuermann bei diesem Großschotsystem nach hinten sieht, ist es wichtig, die Umgebung vor der Wende auf Hindernisse zu überprüfen.

FOCK
Die **Fock** flattert jetzt nutzlos im Wind, bis sie von alleine auf die neue Leeseite klappt. Ziehen Sie die **Schot** nicht zu früh an, oder Sie laufen Gefahr, so das Boot wieder auf den alten Kurs herumzuzwingen.

GROSS-SEGEL
Das Großsegel klappt langsam auf die neue **Lee**seite, während die Jolle mit dem Bug durch den Wind dreht.

VORSCHOTER
Wechselt von der alten auf die neue **Luv**seite, nimmt dabei die neue Fock**schot** mit und ist bereit, diese dichtzunehmen, sobald der Steuermann auf den neuen Kurs **abgefallen** ist.

STEUERMANN
Während der Groß**baum** überkommt, wechselt der Steuermann mit dem vorderen Fuß voran die Seite und dreht sich dabei über seine Fußballen um.

SCHWERT
Lassen Sie das **Schwert** während des Manövers unten. So kann es als Drehpunkt für den Bootsrumpf dienen.

PINNE
Die **Pinne** bleibt während der **Wende** zur alten **Lee**seite gedrückt, bis die Jolle auf dem gewünschten Kurs liegt.

AUFGABE

6 HOCH AM WIND

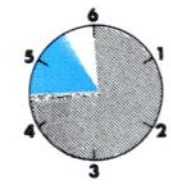

So direkt wie möglich in die Windrichtung segeln

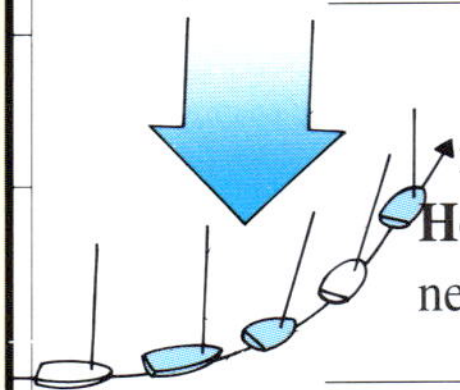

WENN MAN MÖGLICHST DICHT ZUM WIND SEGELT (mit einem möglichst kleinen Winkel zur Windrichtung), ist das ein Kurs **Hoch am Wind.** Durch Wenden wechselnde Kurse **Hoch am Wind** nennt man **Kreuz.** Durch **Kreuzen** erreicht man ein Ziel in **Luv.**

ZIEL: Von einem Halbwindkurs auf einen Kurs hoch an den Wind gehen und einen effektiven Weg nach Luv finden. **Schwierigkeit: ••••**

2. Schritt

ANLUVEN

Das Drehen des Bootes von irgendeinem Ausgangspunkt in Richtung Wind nennt man **Anluven.**

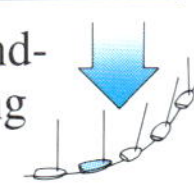

AUSGANGSPUNKT
Der **Halbwindkurs** (oben) ist der logische Ausgangspunkt für das Segeln hoch am Wind und daher hier als Stufe 1 der Sequenz dargestellt.

STEUERMANN •
Während Sie das Boot mehr an den Wind steuern, nehmen Sie das **Großsegel** dichter, bis es nicht mehr flattert.

• VORSCHOTER
Trimmt die **Fock,** justiert das **Schwert** und ist vorbereitet, das Boot gegen den zunehmenden Winddruck auszubalancieren.

FOCK •
Wenn das Boot **anluvt,** wird die **Fock** anfangen zu flattern. Nehmen Sie das Segel dichter.

3. Schritt

AM WIND

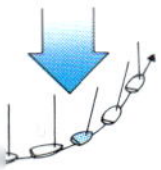

Mit 60 bis 70 Grad zum Wind segelt das Boot am Wind – Sie beginnen damit, nach **Luv** zu segeln.

FOCK
Nehmen Sie die Fock**schot** dicht, bis das Segel nicht mehr flattert.

STEUERMANN
Fährt fort, das Boot **anzuluven** und nimmt dabei langsam soweit nötig die Groß**schot** dichter.

VORSCHOTER
Während sich das Boot dichter an den Wind dreht, wirken Sie mit Ihrem Körpergewicht der Schräglage entgegen.

PINNE
Pinnen- und damit **Ruder**bewegungen sind auf ein Minimum zu begrenzen. Die Drehung nach **Luv** sollte eine sanfte Kurve ohne plötzliche Zacken beschreiben.

SCHWERT
Sobald das Boot dichter am Wind segelt und mehr Lage schiebt (schräg liegt), muß das **Schwert** abgesenkt werden und sich der Vorschoter nach draußen lehnen (ausreiten).

UNERREICHBARE ZONE

Stellen Sie sich die ohne **Wende** unerreichbare Zone von einer unsichtbaren Mauer umgeben vor. Wenn Sie die Mauer berühren, wird die Fock zu flattern beginnen und das Boot abstoppen **(1).** Wenn das passiert, fallen Sie ab, und das Boot nimmt wieder Geschwindigkeit auf **(2).** Fallen Sie aber zu sehr ab, vergeben Sie schon gewonnene und kostbare Distanz nach **Luv** (Luvraum). Der beste Kurs liegt genau an der Mauerkante **(3).**

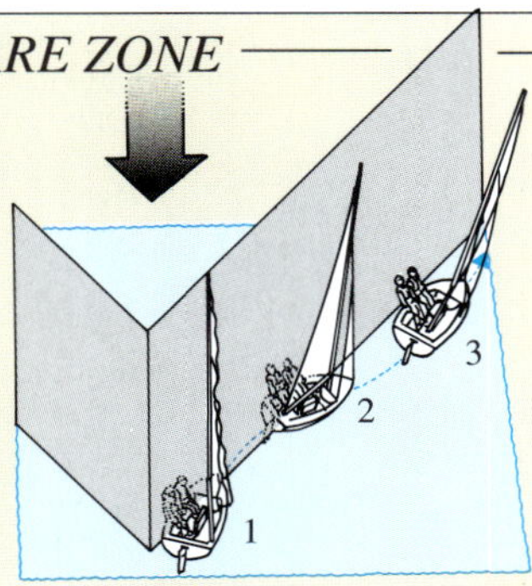

AUFGABE

6

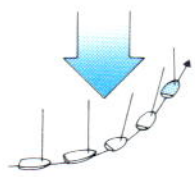

Beiliegen

Die beste Methode zum Stoppen des segelnden Bootes, ohne die Segel bergen zu müssen, ist beizudrehen. Dabei arbeiten **Fock** und **Ruder** gegeneinander und senken so die Geschwindigkeit. Das erreicht man mit einer **Wende,** ohne dabei die Fock**schot** zu lösen.

CREW •
Durch den geringeren Winddruck müssen Steuermann und Vorschoter auf beiden Seiten sitzen, um das Boot auszubalancieren. Um die Krängung weiter zu verringern, wird das **Schwert** um ein Drittel nach oben gezogen.

FOCK •
Weil die **Fock** in **Luv** backsteht, wird die Jolle über den **Bug** nach **Lee** gedreht – eine Tendenz, der man mit dem **Ruder** entgegenwirkt.

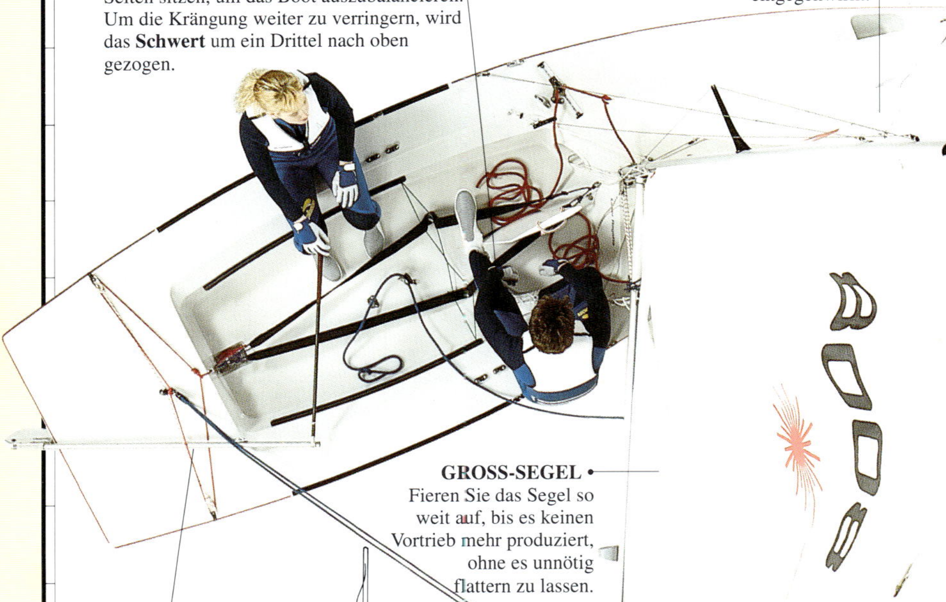

GROSS-SEGEL •
Fieren Sie das Segel so weit auf, bis es keinen Vortrieb mehr produziert, ohne es unnötig flattern zu lassen.

PINNE •
Sobald Sie beigedreht sind, drücken Sie die **Pinne** nach **Lee** und halten sie in dieser Stellung. Liegt das Boot still, kann die Pinne in dieser Stellung auch mit einer Leine fixiert werden.

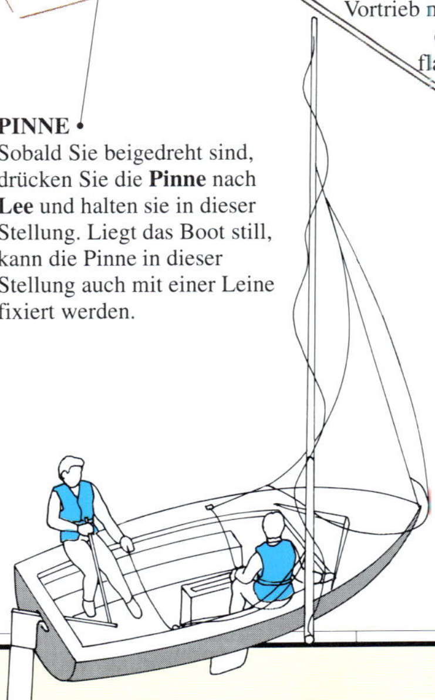

DAS PRINZIP
Die Grundlage für dieses Manöver ist, daß die **Fock** versucht, den **Bug** vom Wind wegzudrücken. Sobald das Boot dabei Fahrt aufnimmt, dreht das **Ruder** den Rumpf wieder nach **Luv.** Dadurch wird das Boot langsam und unter voller Kontrolle **abdriften.** Wenn Sie wählen können, drehen Sie auf **Backbordbug** (Wind von Steuerbord) bei, wodurch Sie Vorfahrt vor anderen Seglern haben.

STARTEN UND STOPPEN

BEILIEGEN
Beidrehen und dann beizuliegen ist die beste Methode, für kurze Zeit auf dem Wasser abzustoppen. Die Jolle bleibt voll unter Kontrolle und ist dazu bereit, beinahe sofort wieder loszusegeln. Es gibt zwei weitere Methoden zum Abstoppen, die je nach der Situation bevorzugt werden können.

SEGEL LÖSEN
So stoppt man das Boot für einen kurzen Moment: Man segelt auf einem **Amwindkurs** und fiert die Schoten, bis die Segel komplett flattern (killen). Segelt man auf einem raumeren Kurs, funktioniert das nicht, da die Segel nicht weit genug gefiert werden können.

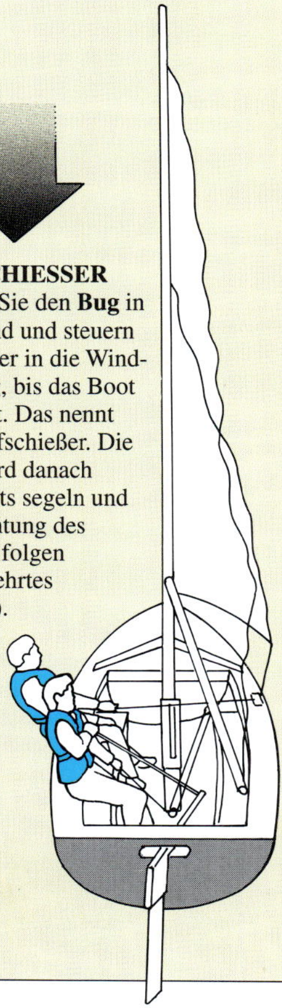

AUFSCHIESSER
Drehen Sie den **Bug** in den Wind und steuern Sie weiter in die Windrichtung, bis das Boot abstoppt. Das nennt man Aufschießer. Die Jolle wird danach rückwärts segeln und der Richtung des **Ruders** folgen (umgekehrtes Steuern).

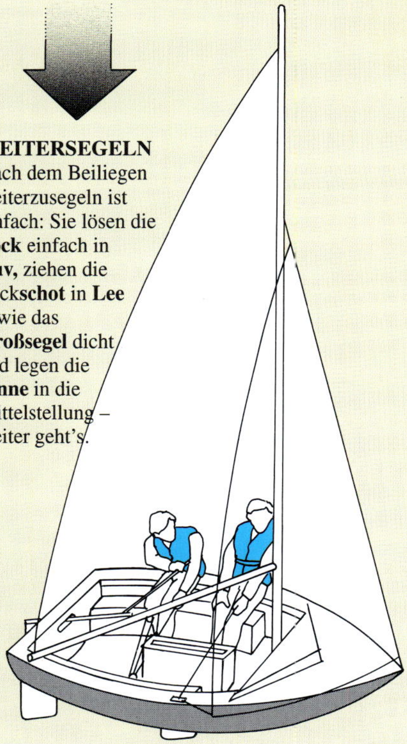

WEITERSEGELN
Nach dem Beiliegen weiterzusegeln ist einfach: Sie lösen die **Fock** einfach in **Luv,** ziehen die Fock**schot** in **Lee** sowie das **Großsegel** dicht und legen die **Pinne** in die Mittelstellung – weiter geht's.

AUFGABE

7 Anlegen

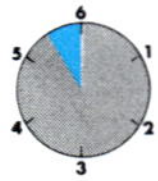

Die Methode wird durch die Windrichtung bestimmt

Wie man an einen Strand (S. 52 u. 53) oder an einen Steg (S. 54 und 55) zurückkehrt, unterscheidet sich und hängt davon ab, ob der Wind auflandig oder ablandig weht.

ZIEL: Die sichere Rückkehr zum Land unter verschiedenen Wetterbedingungen. **Schwierigkeit: •••**

Rückkehr zum Strand

Auch wenn der Wind auflandig weht, sollte man niemals versucht sein, direkt auf den Strand zu segeln – der Rumpf könnte dabei beschädigt werden.

LEEKÜSTE
A: Für eine sichere Rückkehr dreht man den Bug in den Wind (Aufschießer), birgt das Großsegel (1) und segelt unter Fock zum Land (2). B: Oder man segelt raumschots in flaches Wasser (1), dreht den Bug in den Wind (2), steigt aus, birgt die Segel und zieht das Boot zum Land.

A

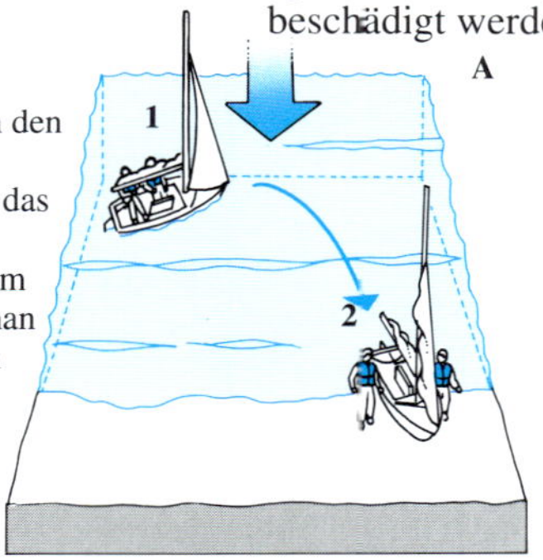

B

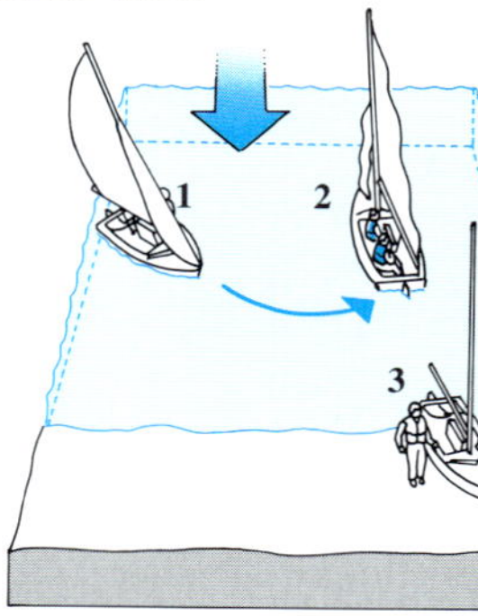

A

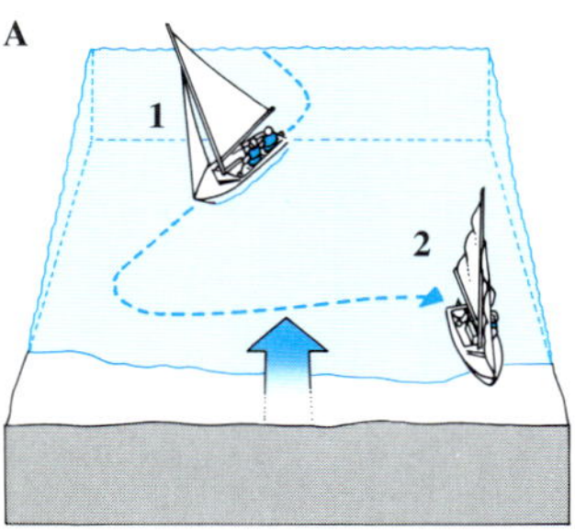

tiefes Wasser

B

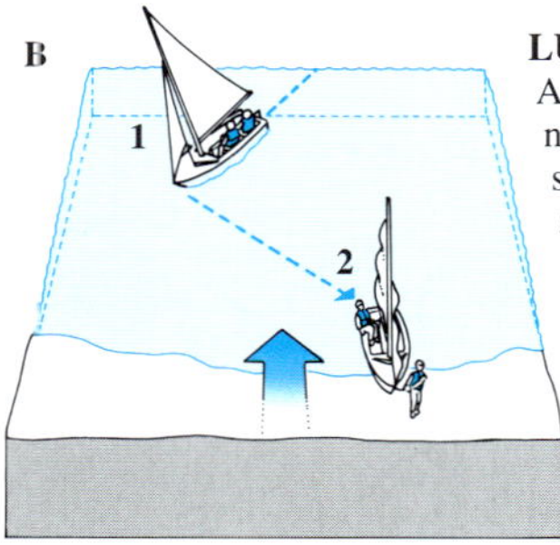

flaches Wasser

LUVKÜSTE
A: Ist das Wasser tief ge nug, wendet man (1) un segelt mit halbem Winc zum Landeplatz. Sie m chen einen Aufschieße (2), steigen aus und be gen die Segel. B: In fl chem Wasser wendet man (1) und liftet rechtzeitig das **Schwert,** bevor man Land erreicht (2).

LEEKÜSTE

Der Steuermann hat den sicheren Weg gewählt **(A, 2)** und nur mit der **Fock** den restlichen Weg gesegelt.

STEUERMANN
Entfernt **Ruder** und **Pinne,** bevor das Boot an Land gebracht wird, um Schäden zu verhindern.

RUDER
Beim Anlanden im flachen Wasser heben Sie das **Ruder**blatt mit der Hand hoch, bevor es den Grund berührt.

VORSCHOTER
Hält das Boot mit beiden Händen so fest, daß der Rumpf den Sand oder die Slipbahn nicht berühren kann.

GROSS-SEGEL
Großsegel und **Baum** dürfen auf dem Weg zum Land die **Pinne** nicht behindern.

SCHWERT
Das **Schwert** muß vor dem Anlanden komplett hochgeholt werden. Prüfen Sie nochmal nach, daß es oben ist, bevor die Jolle auf den Slipwagen kommt.

FOCK
Um das schädliche Flattern (Killen) der **Fock** zu verhindern, wickelt man sie um das Vorstag oder birgt sie.

PADDELN

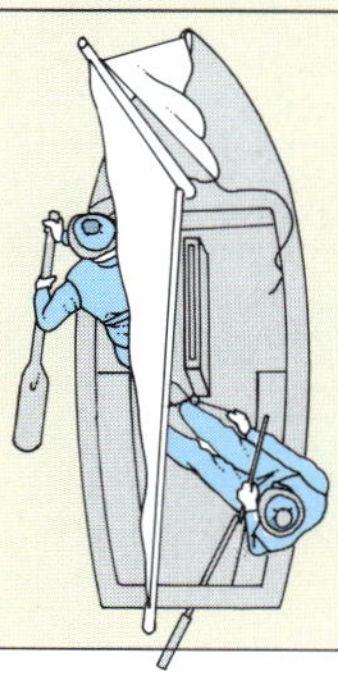

EIN PADDEL
Der Vorschoter paddelt hinter den **Wanten,** während der Steuermann von der gegenüberliegenden Seite aus das Boot auf Kurs hält. Segelt man alleine, paddelt man vom Heck aus das Boot rückwärts.

ZWEI PADDEL
Steuermann und Crew paddeln dicht hinter den Wanten.

AUFGABE

7

Anlegen am Steg

Das Anlegen am Steg ist etwas schwieriger, als am Strand anzulanden, denn meist steht dabei weniger Platz zur Verfügung. Man muß daher die Geschwindigkeit gut im Griff haben und auch Wind und Strom noch mehr berücksichtigen. Ansonsten verlaufen die Manöver, wie auf den Seiten 52 und 53 beschrieben.

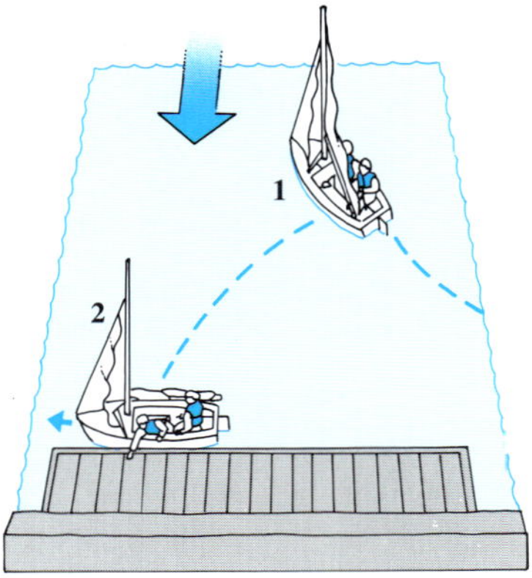

AUFLANDIGER WIND
Steht der Wind genau auf den Steg, fahren Sie in genügend Abstand einen Aufschießer und bergen das **Großsegel** (1). Dann lassen Sie das Boot unter flatternder Fock langsam an den Steg treiben.

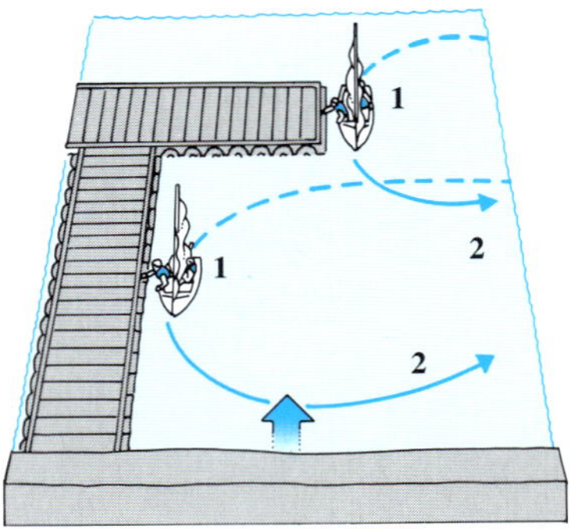

ABLANDIGER WIND
Sie nähern sich mit einem **Amwindkurs,** fieren dabei zum Abstoppen die Segel und fahren einen Aufschießer am Steg (1). Lassen Sie etwas Platz nach Luv für eine Notrunde bei zuviel Fahrt im Schiff.

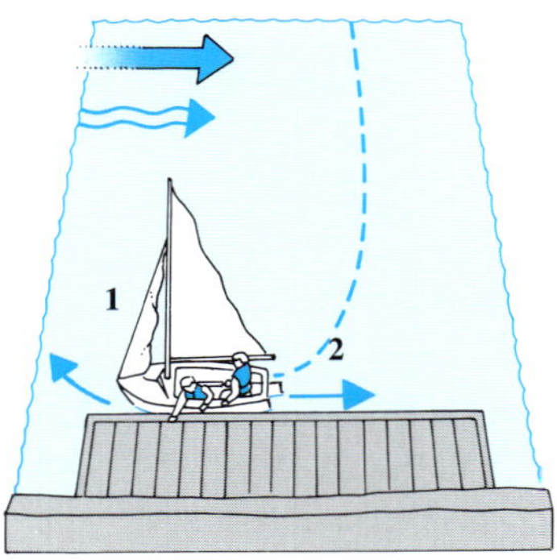

STRÖMENDES GEWÄSSER
Wenn Wind und Strom (gewellter Pfeil) aus gleicher Richtung kommen, nähert man sich dem Steg mit halbem Wind und dreht zum Schluß den **Bug** in diese Richtung (1). Kalkulieren Sie mit ein, daß Sie durch den Strom schneller abstoppen. Machen Sie das Boot mit Leinen fest, sobald Sie den Steg erreicht haben (2).

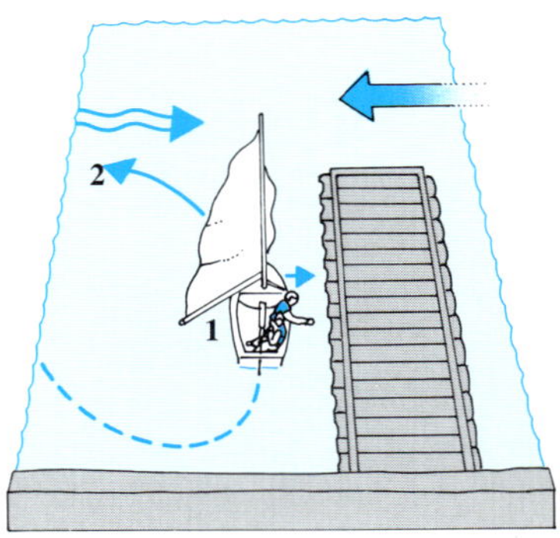

WIND GEGEN STROM
Wenn der Strom gegen die Windrichtung fließt, nähern Sie sich dem Steg an seiner Leeseite (1). Lassen Sie die Segel flattern; der Strom wird Sie eventuell zum Steg schieben. Zum Ablegen in dieser Situation muß man nur die Segel dichter nehmen und etwas abfallen (2).

AM STEG

Wenn möglich, legt man an der **Lee**seite des Stegs an, wo der Wind die Jolle abhält.

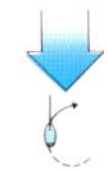

• STEG
Der Wind weht selten genau den Steg entlang. Nähern Sie sich generell möglichst von **Lee.**

• VORSCHOTER
Der Vorschoter hält das Boot fest, steigt aus und befestigt die Vorleine am Steg.

• GROSS-SEGEL
Legt man von **Lee** an, kann das **Großsegel** frei auswehen, wird dabei nicht vom Steg behindert und stört auch nicht die **Crew.**

• STEUERMANN
Balanciert das Boot aus, während der Vorschoter an Land klettert, und birgt dann die Segel.

RUDER •
Falls das Wasser in der Nähe des Stegs sehr flach ist, liften Sie das **Ruder**blatt vor dem Anlegen, um Schäden zu vermeiden.

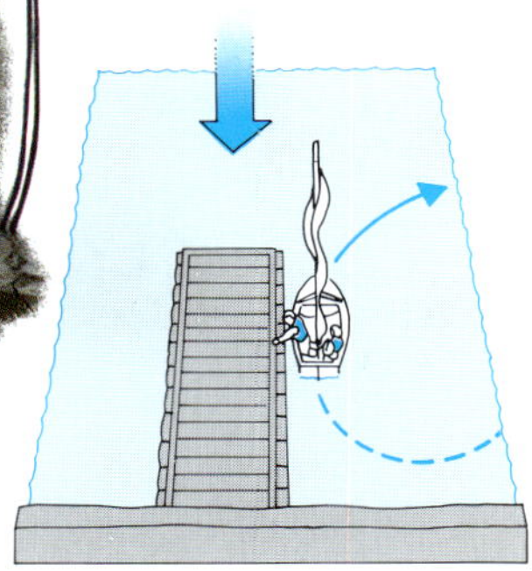

STEG IM WIND
Liegt der Steg genau im Wind, fahren Sie einen beliebigen Aufschießer.

AM STEG: ERST FESTMACHEN

Bevor das Boot aufgeräumt wird, muß es sicher befestigt sein.

Belegen Sie die Bugleine am Steg mit einem Rundtörn und zwei halben Schlägen (s. S. 14).

Bringen Sie eigene Fender zwischen Rumpf und Steg, falls der nicht genügend abgepolstert ist.

Holen Sie das Schwert vollständig aus dem Wasser. Hat Ihre Jolle ein Steckschwert, ziehen Sie es aus dem Rumpf und sichern Sie es im Cockpit.

Das geborgene Großsegel wird sauber aufgerollt und mit einer Leine zusammengebunden.

Nehmen Sie die Fock ab oder wickeln Sie das Segel um das Vorstag.

AUFGABE

8 Segeln vor dem Wind

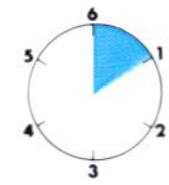

Der Wind trifft direkt auf das Heck

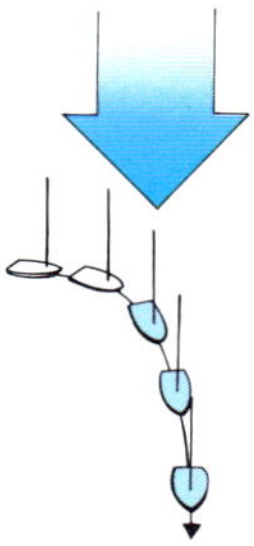

Das Segeln vor dem Wind verführt dazu, herumzusitzen und sich zu erholen. Der Wind schiebt das Boot, es gibt keine **Abdrift,** und man hat ein sicheres Gefühl. Wer aber alles aus dem Boot herausholen will, muß auf diesem Kurs genauso aufmerksam segeln wie hoch am Wind.

ZIEL: Lernen, von einem Halbwindkurs abzufallen und vor dem Wind zu segeln. **Schwierigkeit: ••**

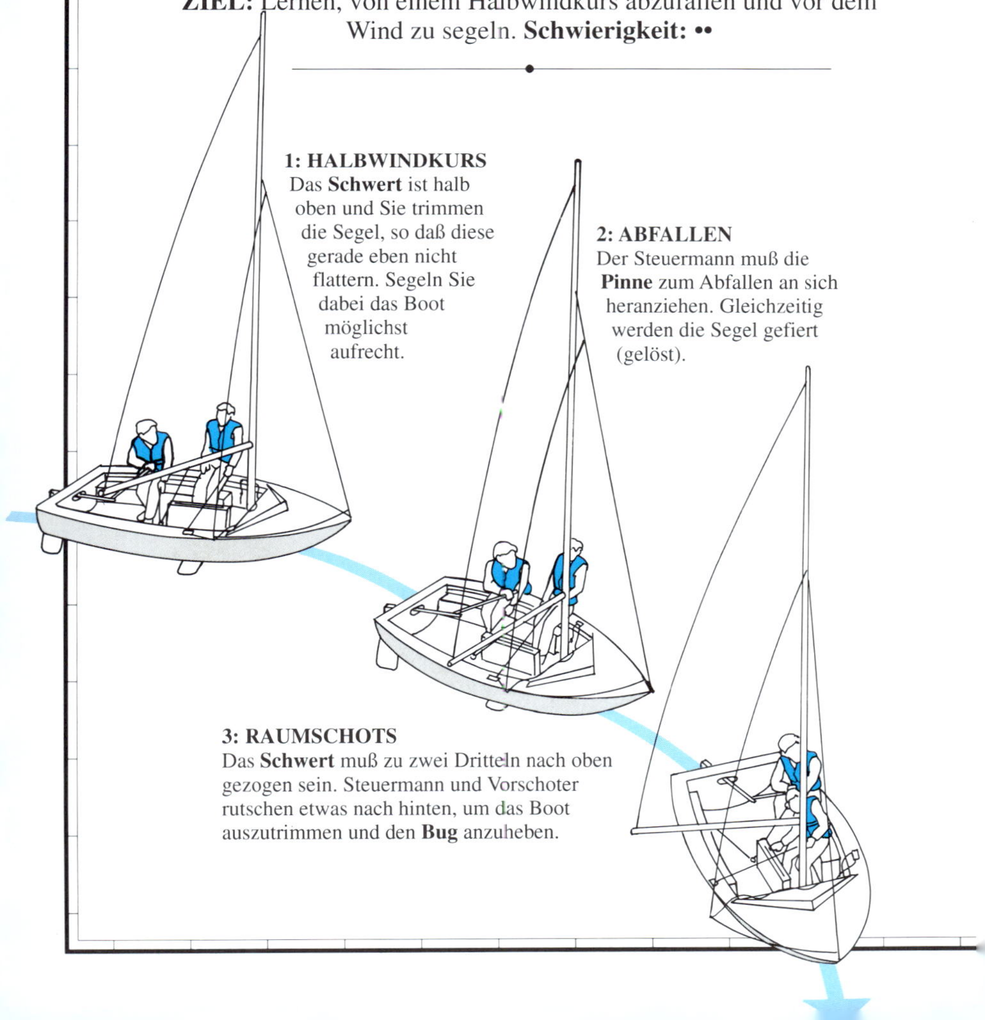

1: HALBWINDKURS
Das **Schwert** ist halb oben und Sie trimmen die Segel, so daß diese gerade eben nicht flattern. Segeln Sie dabei das Boot möglichst aufrecht.

2: ABFALLEN
Der Steuermann muß die **Pinne** zum Abfallen an sich heranziehen. Gleichzeitig werden die Segel gefiert (gelöst).

3: RAUMSCHOTS
Das **Schwert** muß zu zwei Dritteln nach oben gezogen sein. Steuermann und Vorschoter rutschen etwas nach hinten, um das Boot auszutrimmen und den **Bug** anzuheben.

SO FÄLLT MAN AB

Um den **Bug** vom Wind wegzudrehen (abzufallen), zieht man die **Pinne** zu sich heran und fiert die Groß**schot.** Ein zu dichtes **Großsegel** wird den **Bug** in den Wind drehen. Bekämpfen Sie das nicht mit der Pinne – die kann dabei brechen. Denken Sie auch an die Schräglage. Die Jolle muß gerade liegen oder sogar etwas nach **Luv** krängen. Lage nach Lee wirkt dem Abfallen entgegen (s. S. 23).

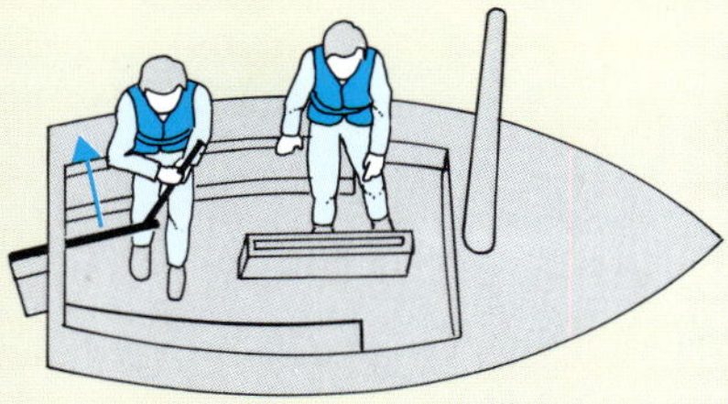

3. Schritt

RAUMSCHOTS

Auf diesem raumen Kurs ist man so weit abgefallen, daß der Wind schräg über das **Heck** weht.

PINNE
Halten Sie die **Pinne** und damit das **Ruder** mit möglichst wenig Bewegungen mittschiffs.

STEUERMANN
Rutscht nach hinten, um die Jolle auch in Längsrichtung auszu**trimmen,** und konzentriert sich auf die Segelstellung. Man sollte sich gelegentlich umdrehen, um Böen auf dem Wasser zu erkennen.

VORSCHOTER
Sitzt bei starkem Wind in **Luv,** um das Boot geradezuhalten und auszubalancieren. Bei Leichtwind sitzt man in **Lee,** damit der Steuermann bessere Sicht nach vorn hat.

SCHWERT
Das **Schwert** sollte rund zwei Drittel nach oben gezogen sein. Falls die Jolle ein Steck**schwert** hat, darf das nicht weiter hochgezogen werden als bis zum Niveau des **Großbaumes.**

SEGEL
Beim **Abfallen** haben Sie die Segel gefiert; jetzt holt man sie wieder dicht, bis sie nicht mehr flattern. Falls die Holepunkte verstellbar sind, schoten Sie die **Fock** für mehr Geschwindigkeit weiter außen.

AUFGABE

8

4. Schritt

VOR DEM WIND

Wenn man direkt vor dem Wind segelt (180 Grad Windeinfallswinkel) und dabei unaufmerksam steuert, kann der Baum ungewollt über das Deck schlagen. Man segelt daher als Anfänger mit einem geringfügig kleineren Winkel zum Wind.

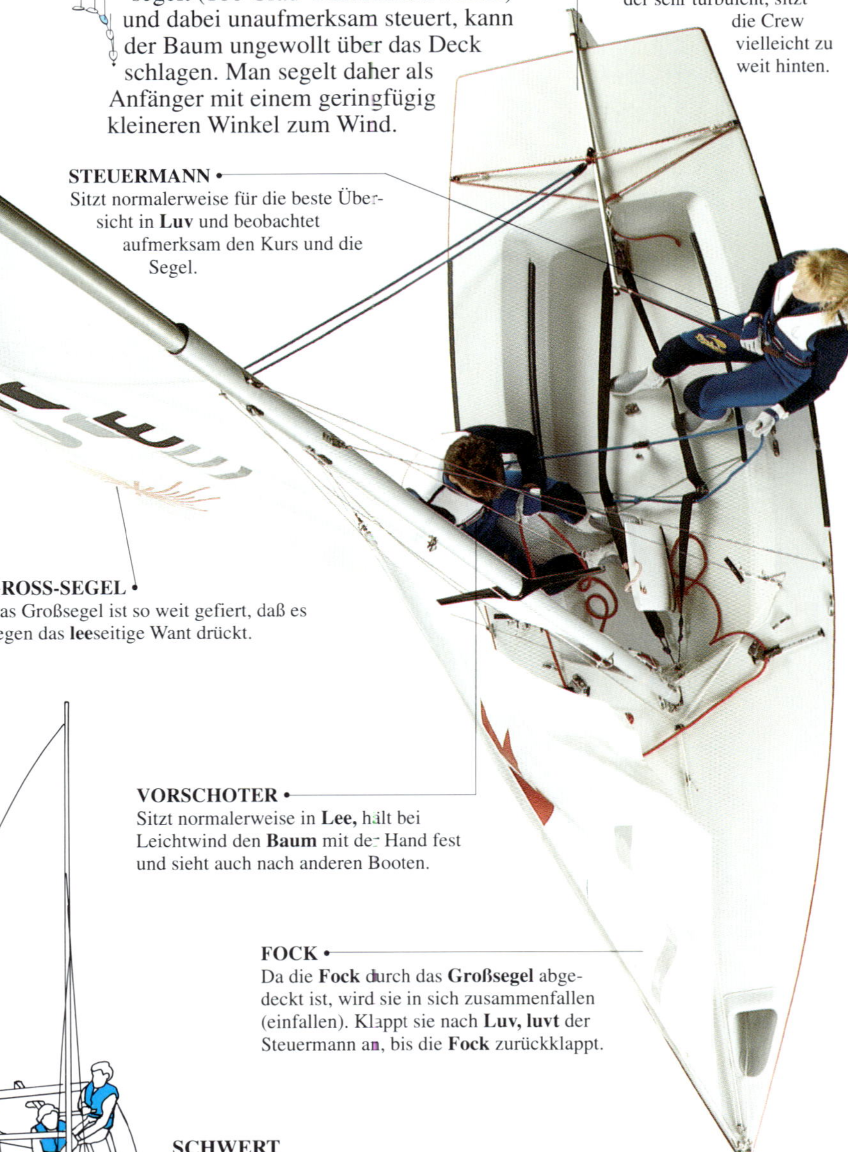

PINNE
Beobachten Sie auch mal den Wasserabfluß am **Spiegel:** Ist der sehr turbulent, sitzt die Crew vielleicht zu weit hinten.

STEUERMANN
Sitzt normalerweise für die beste Übersicht in **Luv** und beobachtet aufmerksam den Kurs und die Segel.

GROSS-SEGEL
Das Großsegel ist so weit gefiert, daß es gegen das **lee**seitige Want drückt.

VORSCHOTER
Sitzt normalerweise in **Lee,** hält bei Leichtwind den **Baum** mit der Hand fest und sieht auch nach anderen Booten.

FOCK
Da die **Fock** durch das **Großsegel** abgedeckt ist, wird sie in sich zusammenfallen (einfallen). Klappt sie nach **Luv, luvt** der Steuermann an, bis die **Fock** zurückklappt.

SCHWERT
Das **Schwert** sollte fast vollständig geliftet sein. Ein kleines Stück **Schwert** unter Wasser sichert aber etwas Spurtreue. Haben Sie ein Steck**schwert,** sollte das nicht weiter als bis zum **Baum**niveau gezogen werden.

GESCHWINDIGKEIT BEIBEHALTEN

• Segeln Sie das Boot aufrecht und denken Sie an den Längstrimm: Leichtwind ausgenommen, rutscht man nach hinten, damit der Bug nicht in die Wellen eintaucht.

• Beim Abfallen auf den Vormwindkurs holen Sie das Schwert hoch. Beim Anluven nehmen Sie es wieder nach unten, um das seitliche Abdriften zu verhindern.

5. Schritt

SCHMETTERLING

Falls Sie noch weiter abfallen, wird die **Fock** über den **Bug** klappen und sich unbeeinflußt vom **Großsegel** mit Wind füllen. Dann segelt man genau vor dem Wind mit je einem Segel auf jeder Seite, was man auch Schmetterling nennt.

PINNE
Man bewegt die **Pinne** möglichst wenig und steuert so, daß die **Fock** voll steht.

VORSCHOTER
Da jetzt der Steuermann mit der **luv**wärtigen **Schot** die **Fock** kontrolliert, balancieren Sie nur das Boot aus.

STEUERMANN
Legen Sie die **Großschot** mit in die Steuer-Hand und halten Sie die **luv**seitige Fock**schot.** Lehnen Sie sich für eine bessere Übersicht aus dem Boot.

GROSS-SEGEL
Das **Großsegel** wird so weit wie möglich gefiert. Bei stärkerem Wind schoten Sie es so, daß der **Baum** gerade nicht die **Wanten** berührt.

FOCK
Bei leichtem Wind wird die **Fock** manchmal einfallen (kollabieren). Dann klappen Sie das Segel einfach wieder nach **Luv,** bis es erneut voll steht.

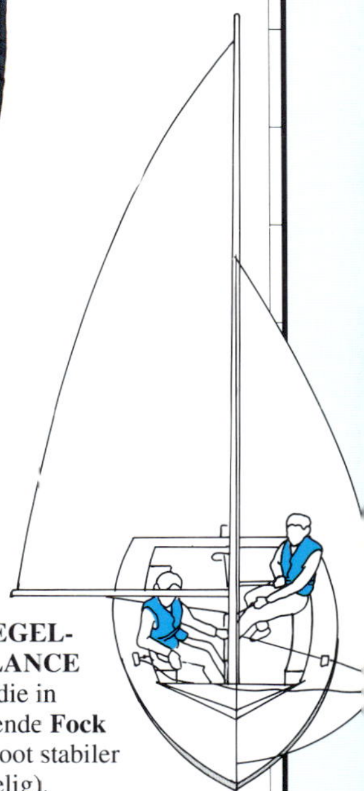

SEGEL-BALANCE
Durch die in **Luv** stehende **Fock** segelt das Boot stabiler (weniger kippelig).

AUFGABE

9 Halsen

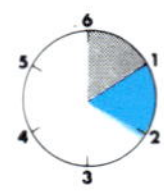

Definition: *Das Heck dreht durch den Wind*

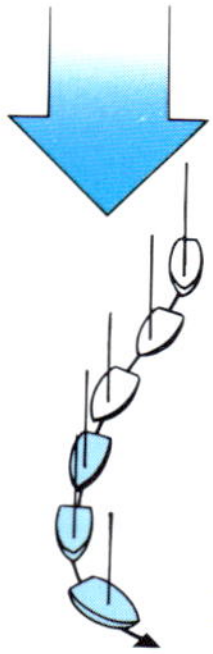

Bei diesem Manöver zur Kursänderung wird das **Heck** des Bootes durch den Wind gedreht – im Gegensatz zur Wende, in der der **Bug** durch den Wind dreht. In einer gut gesegelten **Halse** verliert das Boot kaum an Fahrt. Bei leichtem Wind muß man dazu einen weiten Bogen segeln; bei stärkerem Wind wird das Manöver dagegen sehr schnell ausgeführt.

ZIEL: Das Boot von einem Raumschotskurs auf dem einen Bug auf den anderen drehen. **Schwierigkeit: ••••**

Vorbereitung

Wenn Sie immer weiter vom Wind abfallen, wird das Boot irgendwann von selbst **halsen.** Die Sequenz zeigt die Stufen, die zur **Halse** führen.

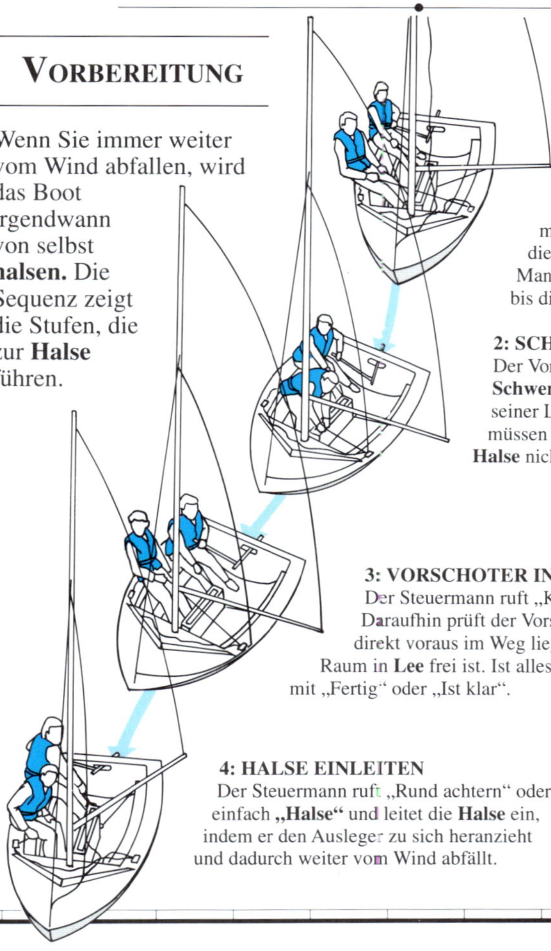

1: DAS TIMING
Der Steuermann prüft, ab welchem Windeinfallswinkel die Fock hinter dem Großsegel zusammenfällt. Das ist der Moment, in dem die **Halse** eingeleitet werden kann. Man luvt jetzt zunächst wieder etwas an, bis die **Fock** wieder voll steht.

2: SCHWERT ÜBERPRÜFEN
Der Vorschoter stellt sicher, daß das **Schwert** nicht weiter als um ein Viertel seiner Länge abgesenkt ist. Steck**schwerter** müssen so weit unten sein, daß sie in der **Halse** nicht den **Baum** behindern können.

3: VORSCHOTER INFORMIEREN
Der Steuermann ruft „Klar zur **Halse**“. Daraufhin prüft der Vorschoter, daß nichts direkt voraus im Weg liegt und auch der Raum in **Lee** frei ist. Ist alles klar, antwortet er mit „Fertig“ oder „Ist klar“.

4: HALSE EINLEITEN
Der Steuermann ruft „Rund achtern“ oder einfach **„Halse“** und leitet die **Halse** ein, indem er den Ausleger zu sich heranzieht und dadurch weiter vom Wind abfällt.

4. Schritt

HALSE EINLEITEN

Die Tätigkeiten sind im Grunde dieselben wie beim **Wenden** (s. S. 42-45), nur zieht man die **Pinne** zu sich heran und drückt sie nicht weg.

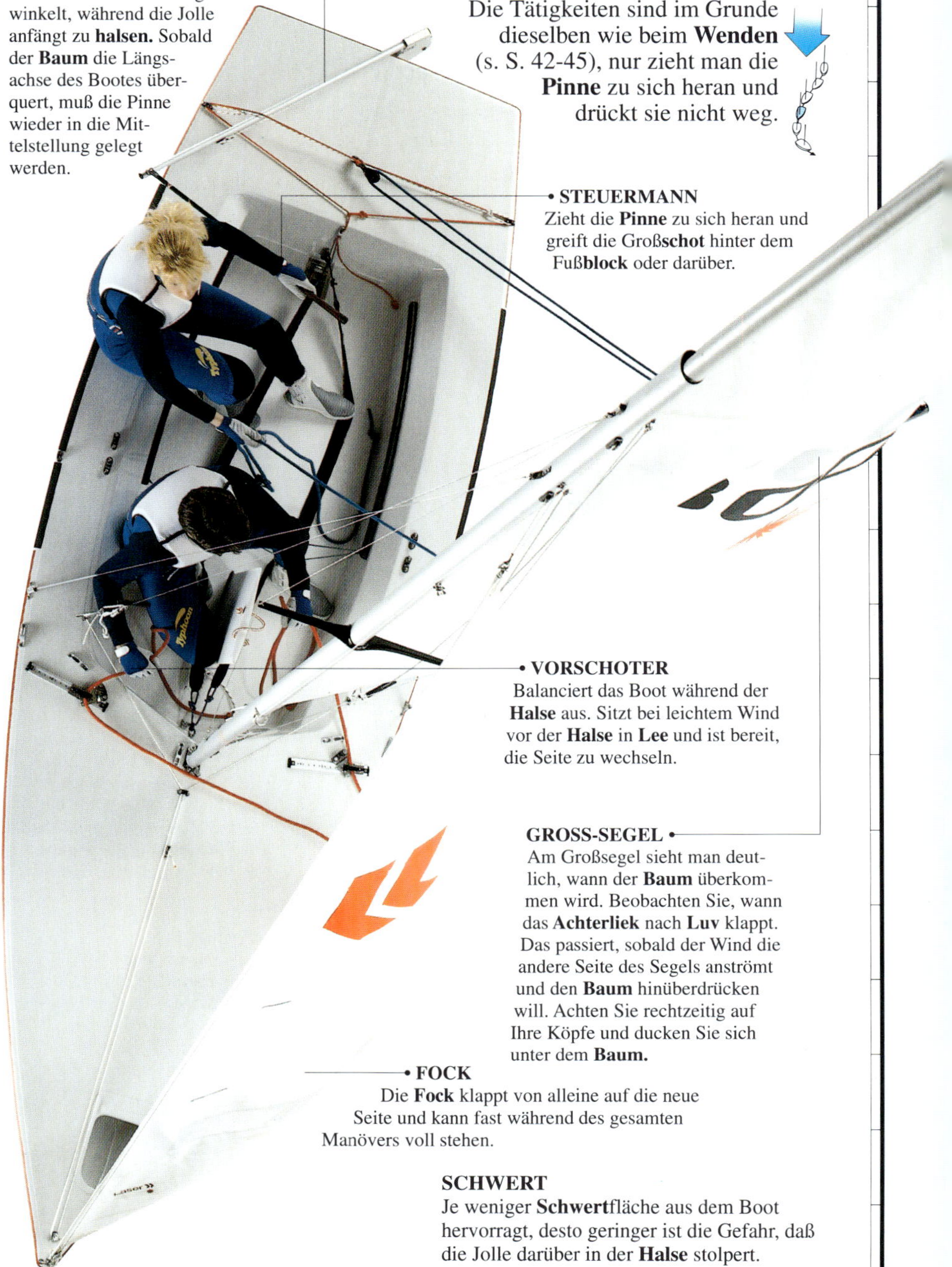

PINNE
Halten Sie die **Pinne** angewinkelt, während die Jolle anfängt zu **halsen.** Sobald der **Baum** die Längsachse des Bootes überquert, muß die Pinne wieder in die Mittelstellung gelegt werden.

STEUERMANN
Zieht die **Pinne** zu sich heran und greift die Groß**schot** hinter dem Fuß**block** oder darüber.

VORSCHOTER
Balanciert das Boot während der **Halse** aus. Sitzt bei leichtem Wind vor der **Halse** in **Lee** und ist bereit, die Seite zu wechseln.

GROSS-SEGEL
Am Großsegel sieht man deutlich, wann der **Baum** überkommen wird. Beobachten Sie, wann das **Achterliek** nach **Luv** klappt. Das passiert, sobald der Wind die andere Seite des Segels anströmt und den **Baum** hinüberdrücken will. Achten Sie rechtzeitig auf Ihre Köpfe und ducken Sie sich unter dem **Baum.**

FOCK
Die **Fock** klappt von alleine auf die neue Seite und kann fast während des gesamten Manövers voll stehen.

SCHWERT
Je weniger **Schwert**fläche aus dem Boot hervorragt, desto geringer ist die Gefahr, daß die Jolle darüber in der **Halse** stolpert.

AUFGABE 5. Schritt

9 Rund achtern

Im Manöver schwingt der **Baum** über das Boot auf die neue **Lee**seite. Für einen kurzen Moment sind **Baum,** Steuermann und **Pinne** in einer Linie, bevor sich die Segel wieder füllen.

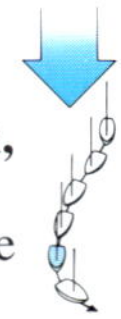

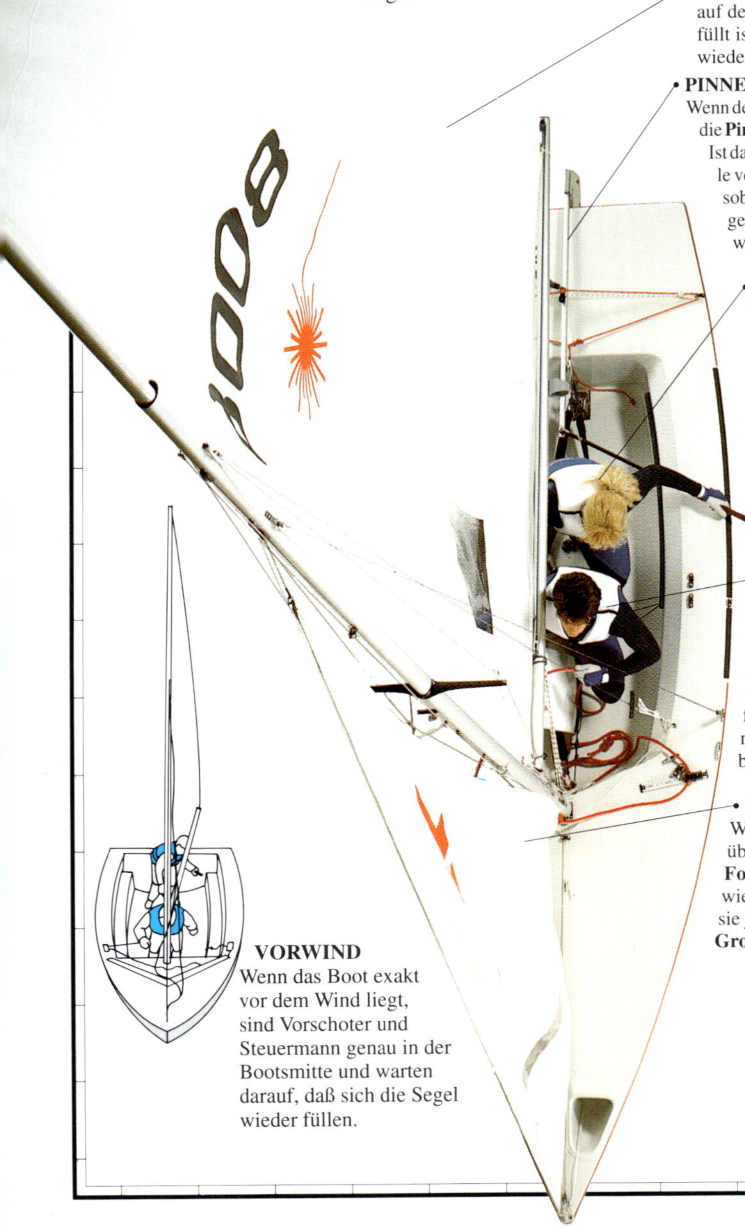

GROSS-SEGEL
Während das **Großsegel** überkommt, liefert es kurzzeitig keinen Vortrieb. Sobald das Segel auf der neuen Seite mit Wind gefüllt ist, beschleunigt das Boot wieder.

PINNE
Wenn der **Baum** überkommt, muß die **Pinne** wieder mittschiffs sein. Ist das nicht der Fall, wird die Jolle versuchen, stark **anzuluven,** sobald das **Großsegel** wieder gefüllt ist – das kann bei Starkwind dramatisch werden.

STEUERMANN
Wenn der **Baum** anfängt überzukommen, klettern Sie in die Bootsmitte und gucken dabei nach vorne. Halten Sie sich unter der **Großbaum**höhe und legen Sie die **Pinne** mittschiffs, sobald der **Baum** die Längsachse der Jolle erreicht.

VORSCHOTER
Balanciert das Boot aus und hält sich ebenfalls unter dem **Großbaum** geduckt. Fieren Sie die alte Fock**schot** nicht zu früh, aber halten Sie die neue **Schot** zum **Trimmen** bereit.

FOCK
Wenn der **Baum** überkommt, kann sich die **Fock** auf ihrer alten **Lee**seite wieder mit Wind füllen, da sie jetzt nicht mehr vom **Großsegel** abgedeckt wird.

VORWIND
Wenn das Boot exakt vor dem Wind liegt, sind Vorschoter und Steuermann genau in der Bootsmitte und warten darauf, daß sich die Segel wieder füllen.

6. Schritt

DER NEUE KURS

Zum Abschluß des Manövers steuert der Rudergänger das Boot auf den neuen Kurs und wechselt die Hände für Ausleger und **Großschot.** Der Vorschoter balanciert die Schräglage aus und sitzt dazu bei mehr Wind in **Luv.**

• STEUERMANN
Steuert mit der alten Pinnen-Hand auf den neuen Kurs und tauscht dann die Hände wie in der **Wende** (s. S. 44-45).

• VORSCHOTER
Sitzt in **Luv** (bei leichtem Wind in **Lee**), stellt die **Fock** für den neuen Kurs ein und justiert das **Schwert.** Sieht nach Hindernissen voraus.

• GROSS-SEGEL
Sobald das Segel umgeklappt ist, füllt es sich wieder. **Trimmen** Sie es für den neuen Kurs, sobald der Steuermann die Hände getauscht hat.

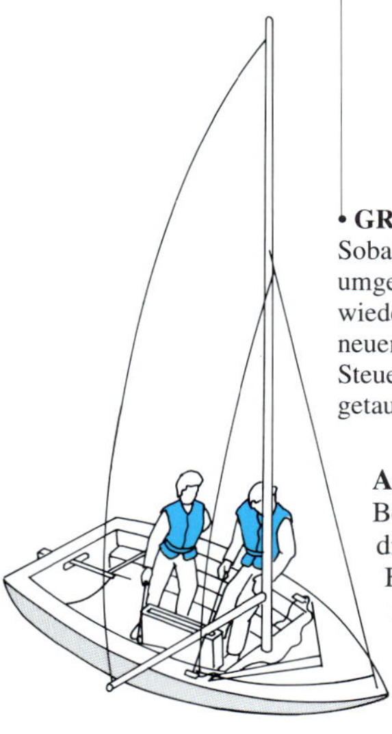

AUFRECHT SEGELN
Bei stärkerem Wind rutscht die Crew nach Luv, um das Boot aufrecht zu segeln. Das muß je nach Windstärke unterschiedlich schnell geschehen.

• FOCK
Ein verbreiteter Fehler: Die **Fock** wird nach der **Halse** zu dicht geschotet, besonders wenn es mit sehr **raumem** Wind weitergeht. Benutzen Sie die Windfäden als akkurate **Trimm**hilfe (s. S. 40).

AUFGABE

9 HALSEN-VARIANTE

Auf Jollen mit einer **Heck-**Groß**schot** gibt es in der **Halse** ein großes Hindernis: Der Steuermann guckt zwangsläufig nicht in die Fahrtrichtung, sondern nach hinten – und das im kritischsten Moment des Manövers, während das Boot dreht. Wichtig also: Ein schnelles Manöver, richtige Einschätzung des benötigten Raumes und ein aufmerksamer Vorschoter, der nach Hindernissen sieht.

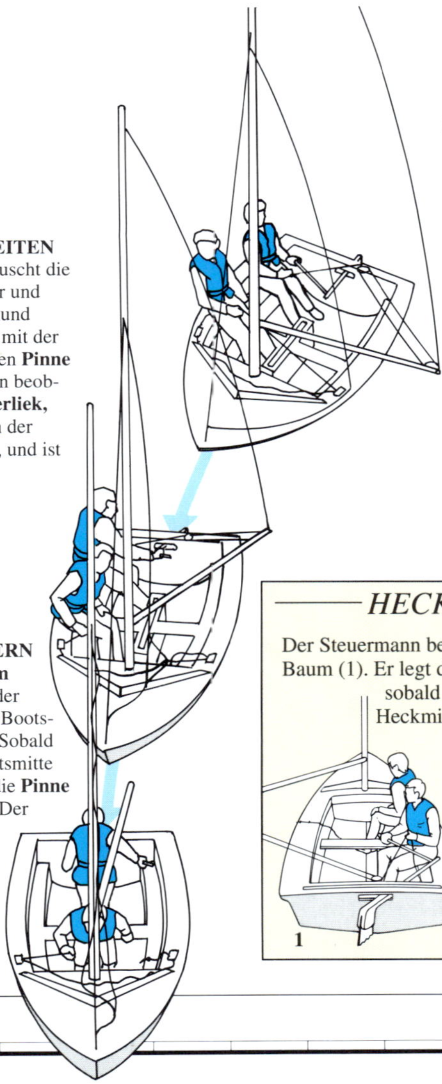

1: UMGEBUNG ABSUCHEN
Der Steuermann etabliert den richtigen Kurs für die **Halse,** indem er abfällt, bis die **Fock** hinter dem **Großsegel** einfällt, und luvt dann wieder leicht an, bis das Segel wieder steht. Er sucht die Umgebung nach Hindernissen ab und ruft „Klar zur Halse". Der Vorschoter sieht nach **Lee,** checkt das Schwert und antwortet „Klar".

2: HALSE EINLEITEN
Der Steuermann tauscht die Hände für Ausleger und Groß**schot,** ruft „Rund achtern" und leitet mit der nach **Luv** gezogenen **Pinne** die **Halse** ein. Dann beobachtet er das **Achterliek,** um zu sehen, wann der **Baum** überkommt, und ist bereit, die Seite zu wechseln.

3: RUND ACHTERN
Während der **Baum** überkommt, sieht der Steuermann in der Bootsmitte nach hinten. Sobald der **Baum** die Bootsmitte erreicht hat, wird die **Pinne** mittschiffs gelegt. Der Vorschoter wartet je nach Windstärke mit dem Seitenwechsel. Er hält die neue Fock**schot** zum **Trimmen** bereit.

HECK-ANSICHT

Der Steuermann beobachtet Großsegel und Baum (1). Er legt die Pinne mittschiffs, sobald der Baum die Heckmitte erreicht (2).

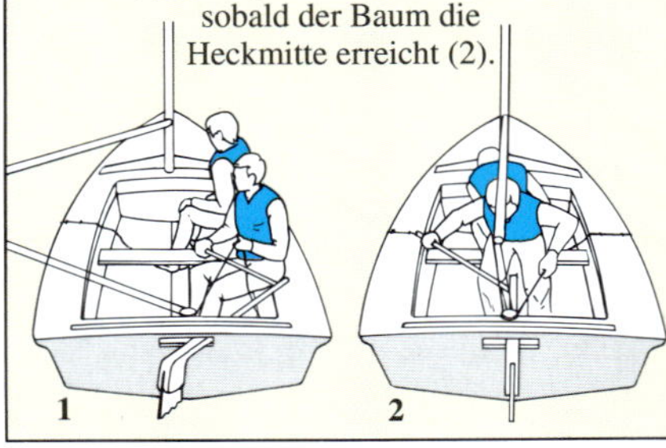

3. Schritt

RUND ACHTERN

Vergleichen Sie diesen Manöver-Moment mit der Stufe 5 der konventionellen **Halse** (s. S. 62). Die grundsätzlichen Unterschiede sind, daß der Steuermann nach hinten sieht und bereits die Hände für Groß**schot** und **Pinnenausleger** getauscht hat.

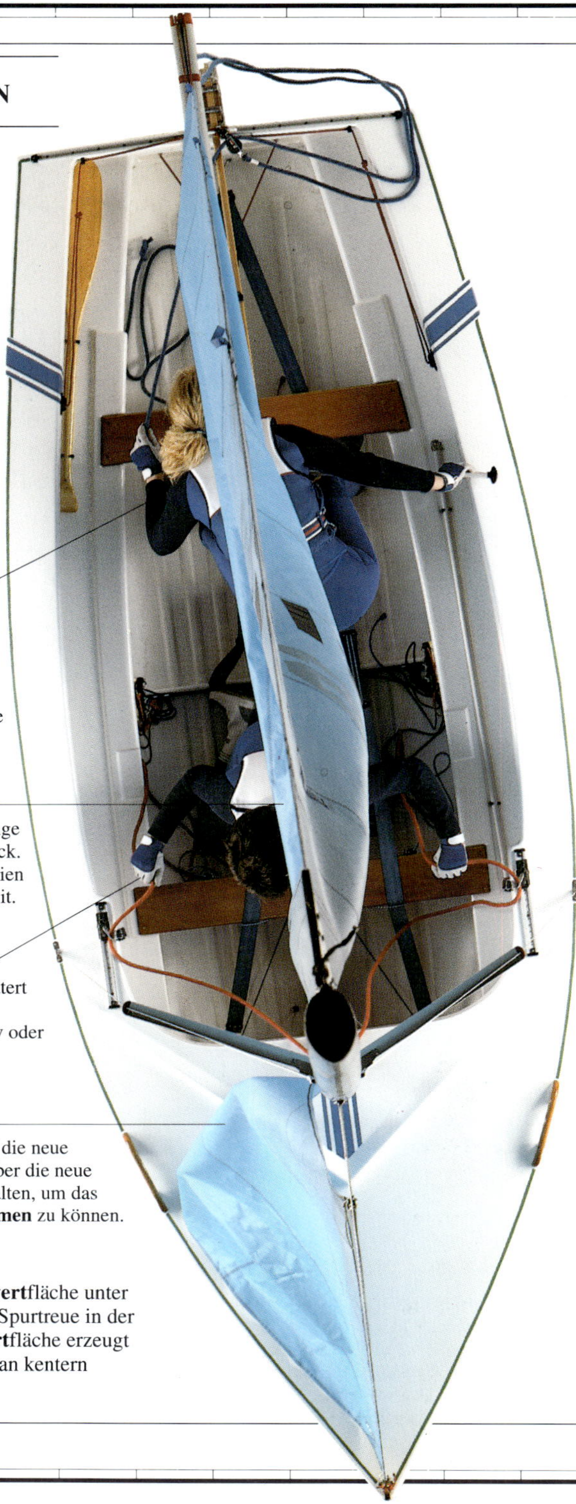

STEUERMANN •
Klettert in die Bootsmitte und guckt nach hinten, bevor der **Baum** überkommt. Der Steuermann legt die **Pinne** mittschiffs, sobald der **Baum** die Heckmitte erreicht.

GROSS-SEGEL •
Der **Baum** zieht eine große Menge lockerer Groß**schot** über das Heck. Die kann sich verfangen, also seien Sie zum Befreien der Leine bereit.

VORSCHOTER •
Balanciert das Boot aus und klettert dazu je nach Windstärke und geplantem neuen Kurs nach **Luv** oder **Lee.**

FOCK •
Die **Fock** klappt von alleine auf die neue **Lee**seite. Der Vorschoter muß aber die neue Fock**schot** schon in der Hand halten, um das Segel auf dem neuen Kurs **trimmen** zu können.

SCHWERT
Man benötigt nur wenig **Schwert**fläche unter Wasser, damit die Jolle etwas Spurtreue in der Drehung zeigt. Zuviel **Schwert**fläche erzeugt eine schärfere **Halse,** in der man kentern (umkippen) kann.

AUFGABE

10 Absegeln eines Kreises

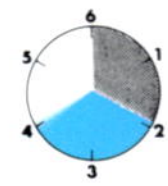

Um einen Kreis richtig abzusegeln, müssen Sie alle bisherigen Aufgaben beherrschen.

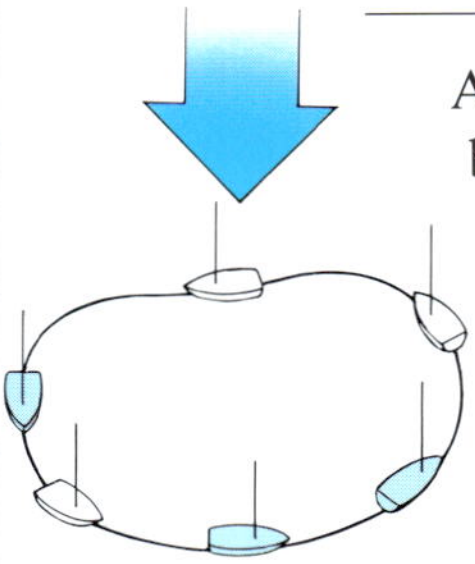

Auf dieser Stufe sollten Sie die gezeigten Techniken beherrschen, die Sie mit der Jolle in jede gewünschte Richtung bringen – abgesehen von der unerreichbaren Zone. In dieser Aufgabe lernen Sie, die einzelnen Abläufe flüssig und effektiv miteinander zu verbinden.

ZIEL: Alle bisher gelernten Manöver zu einem Guß verbinden.
Schwierigkeit: •••••

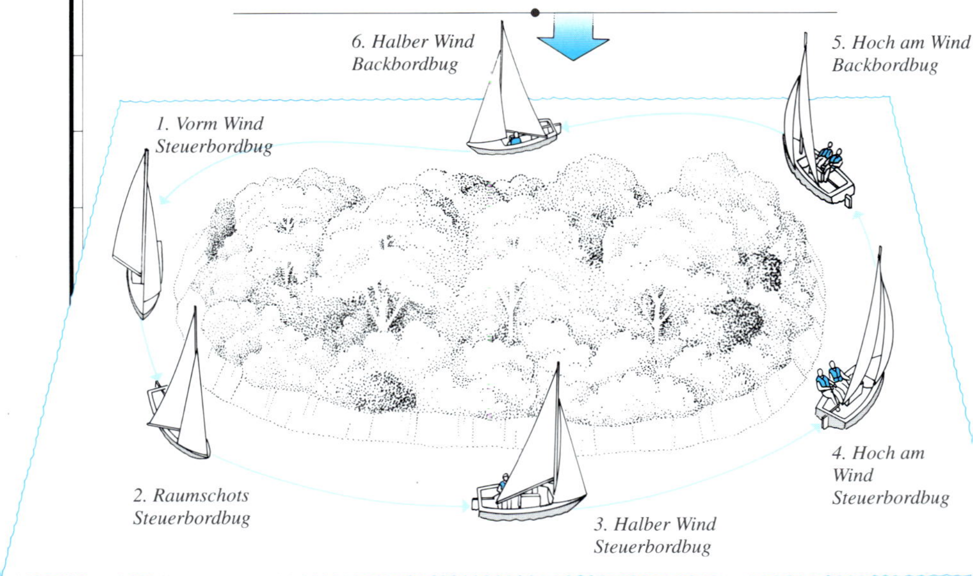

KREISFÖRMIGER KURS

Die Zeichnung oben stellt die Jolle auf einem kreisförmigen Kurs dar. Der kann um eine Insel oder auch um eine Boje führen. Halten Sie in jedem Fall reichlich Abstand. Wenn Sie diesen Kurs zum ersten Mal absegeln, sollten Sie sich eine freie Wasserfläche ohne Hindernisse suchen und nur um ein imaginäres Objekt segeln – dann ist nichts im Weg, wenn die Manöver nicht klappen sollten.

1. Schritt

Halsen vor dem Wind

Beim Absegeln eines Kreises müssen Sie auf der Hälfte der **Vorwind**strecke halsen. Nach der **Halse** segeln Sie etwas vor dem Wind weiter, bis Sie auf einen **Raumschots**kurs und dann auf einen **Halbwindkurs** anluven.

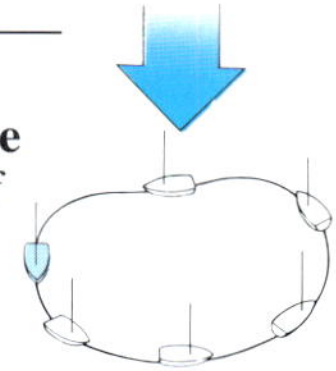

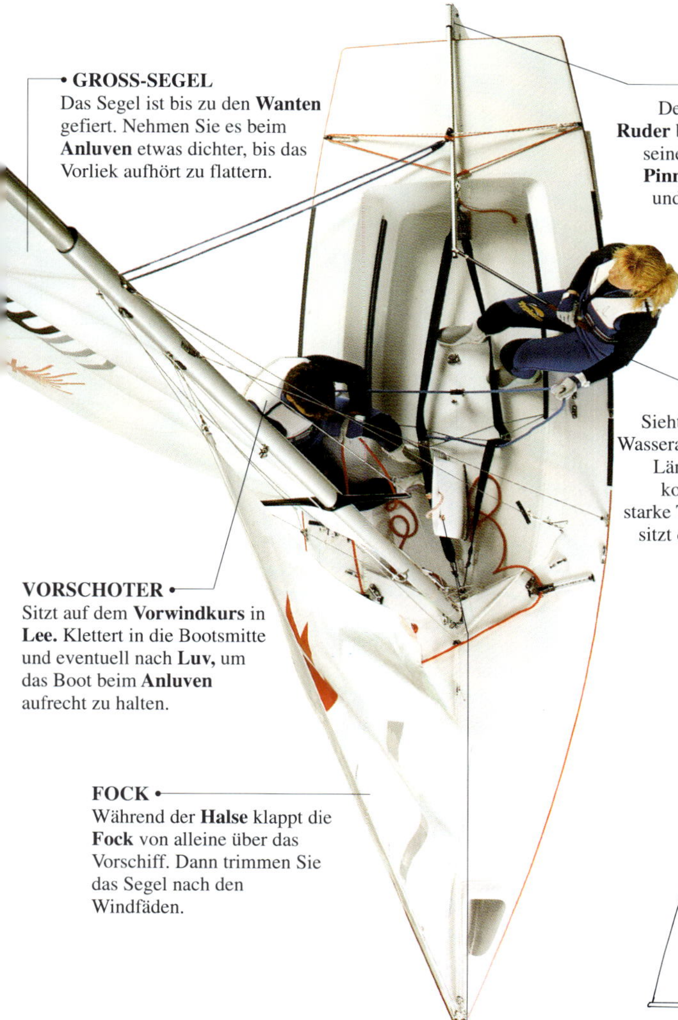

GROSS-SEGEL
Das Segel ist bis zu den **Wanten** gefiert. Nehmen Sie es beim **Anluven** etwas dichter, bis das Vorliek aufhört zu flattern.

RUDER
Denken Sie daran, daß das **Ruder** bremst, wenn es nicht in seiner Mittelstellung ist. Die **Pinne** muß möglichst wenig und dann behutsam bewegt werden.

STEUERMANN
Sieht nach der **Halse** auf den Wasserablauf am **Heck,** um den Längs**trimm** des Bootes zu kontrollieren. Werden dort starke Turbulenzen festgestellt, sitzt die Crew zu weit hinten.

VORSCHOTER
Sitzt auf dem **Vorwindkurs** in **Lee.** Klettert in die Bootsmitte und eventuell nach **Luv,** um das Boot beim **Anluven** aufrecht zu halten.

FOCK
Während der **Halse** klappt die **Fock** von alleine über das Vorschiff. Dann trimmen Sie das Segel nach den Windfäden.

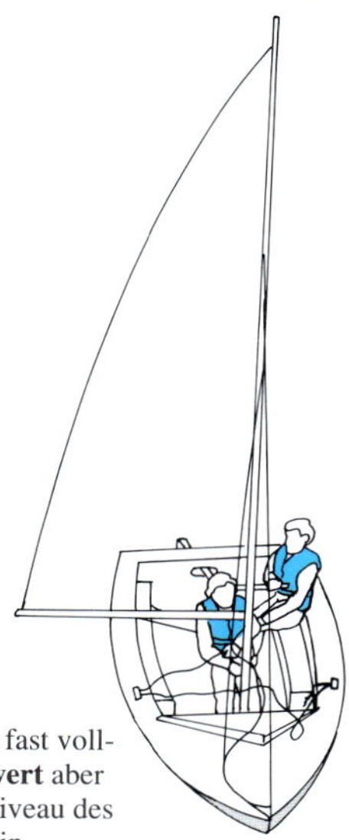

SCHWERT
Vor dem Wind sollte das **Schwert** fast vollständig geliftet sein. Ein Steck**schwert** aber darf vor der Halse nicht über das Niveau des Großbaumes nach oben gezogen sein.

AUFGABE
10

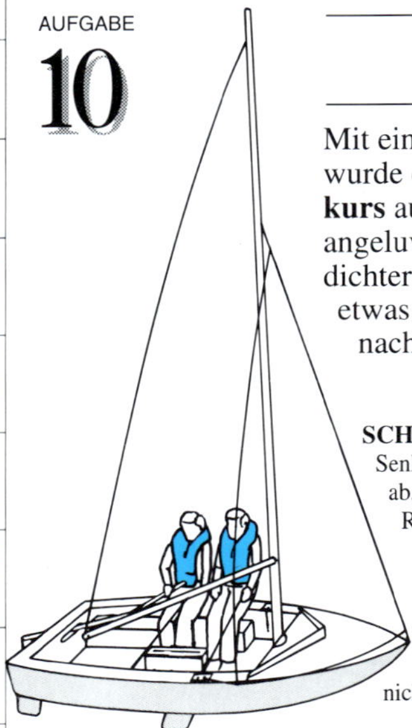

2. Schritt

Halber Wind

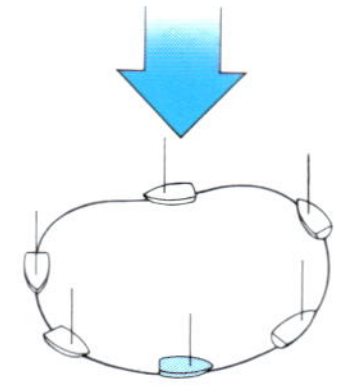

Mit einer Kursänderung um 90 Grad wurde das Boot von einem **Vorwindkurs** auf einen **Halbwindkurs** angeluvt. Die Crew hat die Segel dichter genommen, das **Schwert** etwas abgesenkt und ihr Gewicht nach **Luv** verlagert.

SCHWERT
Senken Sie das **Schwert** ab, bis es halb aus dem Rumpf ragt. Sie werden guten Vortrieb aus den Segeln haben, aber auch **Abdrift** spüren, wenn das **Schwert** nicht etwas unten ist.

• STEUERMANN
Nehmen Sie das **Großsegel** dichter und sehen Sie nach vorne nach anderen Booten, Hindernissen und Böen (dunkle Flecken auf dem Wasser). Kommt eine Bö auf Sie zu, sind Sie bereit, die Groß**schot** zu fieren oder weiter nach **Luv** zu rutschen.

• VORSCHOTER
Trimmt die **Fock** mit der **Schot,** justiert das **Schwert** und hält das Boot aufrecht. Dazu sitzt er bei mittleren bis starken Winden neben dem Steuermann in **Luv** und bei Leichtwind unten in **Lee.**

• PINNE
Sobald der gewünschte Kurs anliegt, bewegen Sie die **Pinne** so wenig wie möglich.

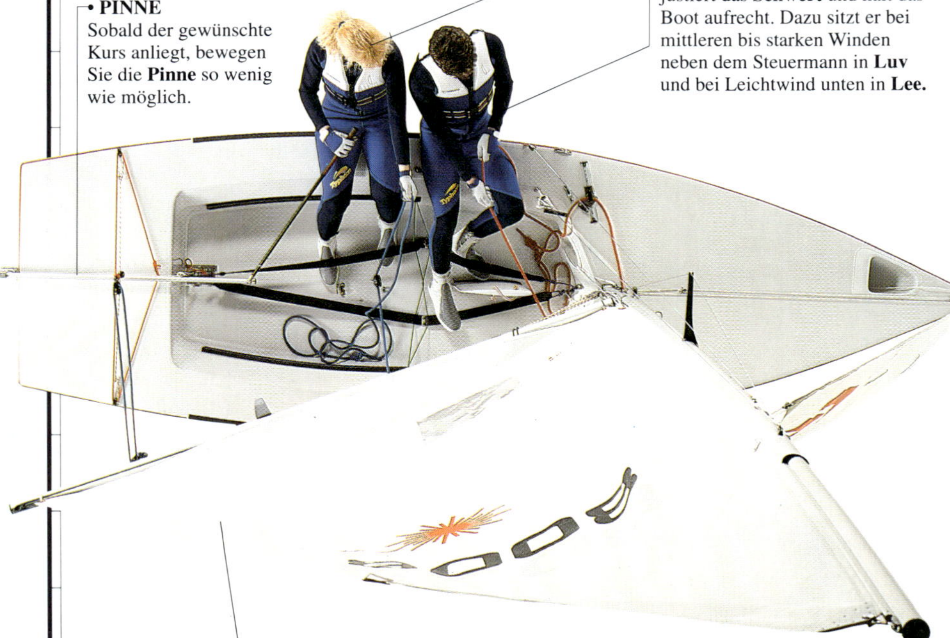

GROSS-SEGEL •
Der Kurs verführt dazu, das Segel einfach dichter zu nehmen und zu vergessen. Schneller segelt man aber durch aufmerksamen Segel**trimm.** Windrichtung und -stärke sind fast nie beständig, insbesondere auf Binnengewässern oder dicht an der Küste.

3. Schritt

HOCH AM WIND

Auf diesem Kurs sind die Schoten voll dichtgenommen, und man steuert das Boot nach dem Wind – anders als in die gewünschte Richtung zu steuern und die Segel nach dem Wind einzustellen.

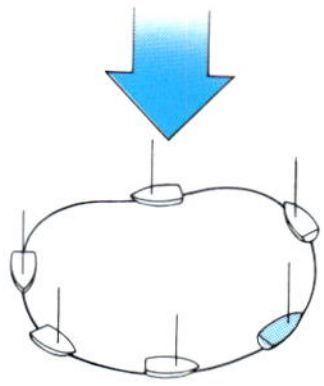

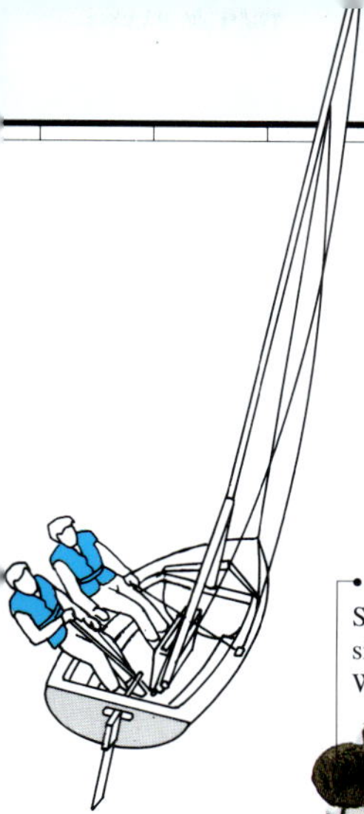

• CREW
Segeln Sie das Boot möglichst aufrecht und sitzen Sie eng zusammen, um den Windwiderstand zu verringern.

SCHWERT •
Senken Sie das **Schwert** für eine möglichst geringe **Abdrift** völlig ab.

• FOCK
Der Vorschoter nimmt die **Fock** dicht, und der Rudergänger steuert nach den Windfäden. Fallen Sie ab, wenn sich die luvseitigen Windfäden heben, und luven Sie leicht an, wenn sich die leeseitigen heben.

PINNE •
Versuchen Sie die Pinne behutsam zu bewegen.

• GROSS-SEGEL
Bei normalem Wind nehmen Sie das Segel dicht. Ist das Boot durch plötzliche Böen überfordert, luven Sie etwas stärker an oder fieren die **Schot** ein wenig.

CHECKLISTE FÜR WICHTIGES

Jedesmal, wenn Sie den Segeltrimm, die Balance (Schräglage), den Längstrimm, das Schwert oder den Kurs ändern, prüfen Sie die folgenden Punkte.

- SEGELTRIMM Fieren Sie die Segel und holen Sie sie wieder dicht, bis das Flattern aufhört.
- SCHRÄGLAGE Segeln Sie das Boot aufrecht.
- LÄNGSTRIMM Denken Sie an Ihre Sitzpositionen.
- SCHWERTPOSITION Liften oder senken Sie das Schwert, für einen guten Kompromiß zwischen Vortrieb und Abdrift.
- WEG ZUM ZIEL Achten Sie schließlich auf Ihr Ziel und auf Ihren Weg dahin.

AUFGABE

11 Kentern

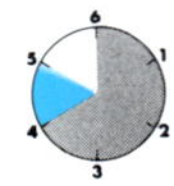

So richtet man ein gekentertes Boot wieder auf

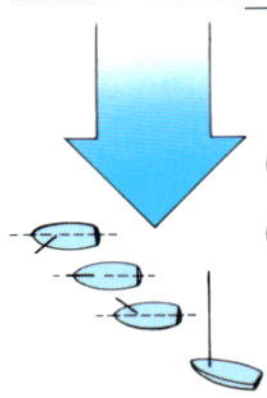

Alle Jollen gewinnen ihre Stabilität hauptsächlich aus dem Crewgewicht, also können sie auch **kentern** oder sogar durch**kentern** (**Mast** senkrecht nach unten). Moderne Jollen sind aber einfach wieder aufzurichten.

ZIEL: Die gekenterte und die durchgekenterte Jolle wieder aufzurichten. **Schwierigkeit: •••**

1. Schritt

Die Kenterung

Das **Großsegel** liegt flach auf dem Wasser. Bleiben Sie beim Boot; versuchen Sie nicht an Land zu schwimmen.

STEUERMANN •
Benutzt die Groß**schot** als Sicherheitsleine, um nicht vom Boot getrennt zu werden, und schwimmt zum **Schwert.** Läßt dann die Groß**schot** los, zieht das **Schwert** nach unten und hält es fest.

• VORSCHOTER
Bleiben Sie niemals im Boot; es **kentert** sonst durch. Lassen Sie sich ins Wasser fallen, schwimmen Sie zum **Heck** und prüfen Sie, ob **Ruder** und **Pinne** gesichert sind.

• GROSS-SEGEL
Das **Großsegel** liegt flach. Einige **Masten** sind mit einem Auftrieb ausgestattet, der das Durch**kentern** verhindern soll.

2. Schritt

DIE POSITIONEN

Der Vorschoter wird beim Aufrichten der Jolle in das Cockpit geschaufelt, wo er helfen kann und verhindert, daß das Boot alleine weitersegelt.

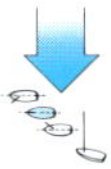

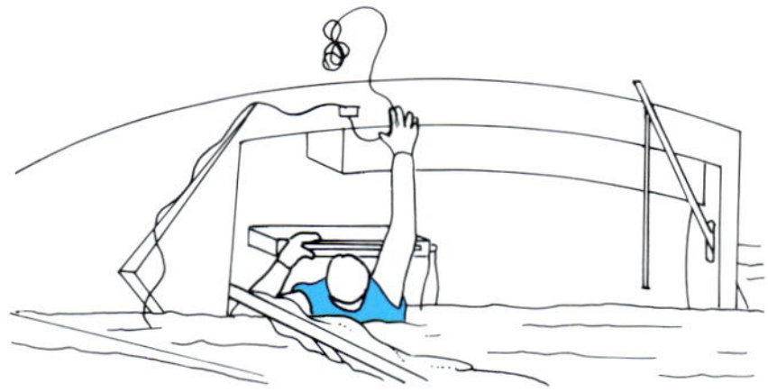

AUFRICHT-GESCHWINDIGKEIT
Das Boot richtet sich anfangs langsam auf. Sobald aber das **Großsegel** aus dem Wasser gehoben ist, kommt das Boot viel schneller hoch.

STEUERMANN •
Wenn Sie das **Schwert** erreicht haben, wirft Ihnen der Vorschoter die **luv**seitige (obere) Fock**schot** zu. Die greifen Sie und lehnen sich mit den Füßen auf der unteren Scheuerleiste des Bootes zurück. Halten Sie Beine und Rücken für eine bessere Hebelwirkung gerade und ziehen Sie an der **Schot.**

VORSCHOTER •
Wenn der Steuermann das **Schwert** erreicht hat, schwimmen Sie innen am Deck entlang bis zur **luv**seitigen (oberen) Fock**schot.** Die wird klariert und über den Rumpf zum Steuermann geworfen. Dann bleiben Sie mit den Füßen zum Heck neben dem Cockpit liegen und halten sich locker an den Ausreitgurten fest. Bringen Sie dabei keinen Druck auf das Boot, das sonst schwieriger aufzurichten ist oder sogar durch**kentert.**

AUFGABE
11

3. Schritt
DAS AUFRICHTEN

Kann der Steuermann die Jolle aus dem Wasser nicht aufrichten, muß er auf dem **Schwert** stehend an der **Schot** ziehen.

STEUERMANN •
Steht dicht am Rumpf auf dem **Schwert,** lehnt sich zurück und zieht beständig an der Fock**schot.** Drücken Sie Beine und Rücken für eine bessere Hebelwirkung durch.

MAST IN LEE?
Ist die Jolle schon län gere Zeit **gekentert,** w der Rumpf um das Ri nach **Lee** treiben. De Steuermann sollte pa sieren, sobald das Ri aus dem Wasser bricht, damit es wieder nach **Le** treiben kann; ansonsten k die Jolle wieder kentern.

VORSCHOTER •
Auf dieser Stufe ist die Aufgabe des Vorschoters einfach: Liegen Sie bereit, bis sich das Boot aufrichtet und Sie dabei zumindest mit dem Oberkörper in das Cockpit geschaufelt werden. Stellen Sie dabei sicher, daß Paddel und Eimer nicht wegschwimmen und daß die Groß**schot** locker ist, damit das **Großsegel** frei flattern kann.

ACHTUNG SCHWERTBRUCH
Nicht jedes **Schwert** ist stark genug, um auch auf seinem äußersten Ende das volle Gewicht des Steuermanns zu tragen, und kann verbiegen, reißen oder abbrechen. Sicherer ist also immer, beim Aufrichten relativ dicht am Rumpf zu stehen.

SEGELFALLE

Geraten Sie nicht in Panik, wenn Sie – zum Beispiel durch eine **Kenterung** nach **Luv –** unter dem Segel im Wasser liegen und keine Luft bekommen. Stoßen Sie einfach mit einem Arm senkrecht nach oben gegen das Segel, um sich Luft zu verschaffen, und schwimmen Sie dann mit der Hand nach oben unter dem Segel heraus. Sehen Sie auch sofort nach, ob Ihr Segelpartner Hilfe benötigt.

4. Schritt

DAS EINSTEIGEN

Der Steuermann muß jetzt am **luv**seitigen **Want** wieder an Bord klettern. Versucht man das von **Lee,** kann das Boot wieder **kentern.** Der Einstieg weiter hinten in **Luv** dagegen dreht das Boot unerwünscht in den Wind.

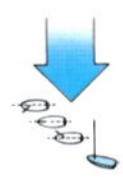

• FOCK
Da der Steuermann die **luv**seitige (obere) Fock**schot** zum Aufrichten des Bootes benutzt hat, liegt das Boot beigedreht (s. S. 50). Möglicherweise muß die **Pinne** etwas nach **Lee** gelegt werden.

• VORSCHOTER
Balanciert das aufgerichtete Boot vorsichtig aus. Ist es voll Wasser, kann es sehr instabil sein. Helfen Sie dem Steuermann beim Einsteigen und schöpfen Sie das Cockpit leer.

GROSS-SEGEL •
Das Großsegel weht nach Lee aus und stört so nicht den Vorschoter beim Ausbalancieren des Bootes, während er dem Steuermann hilft.

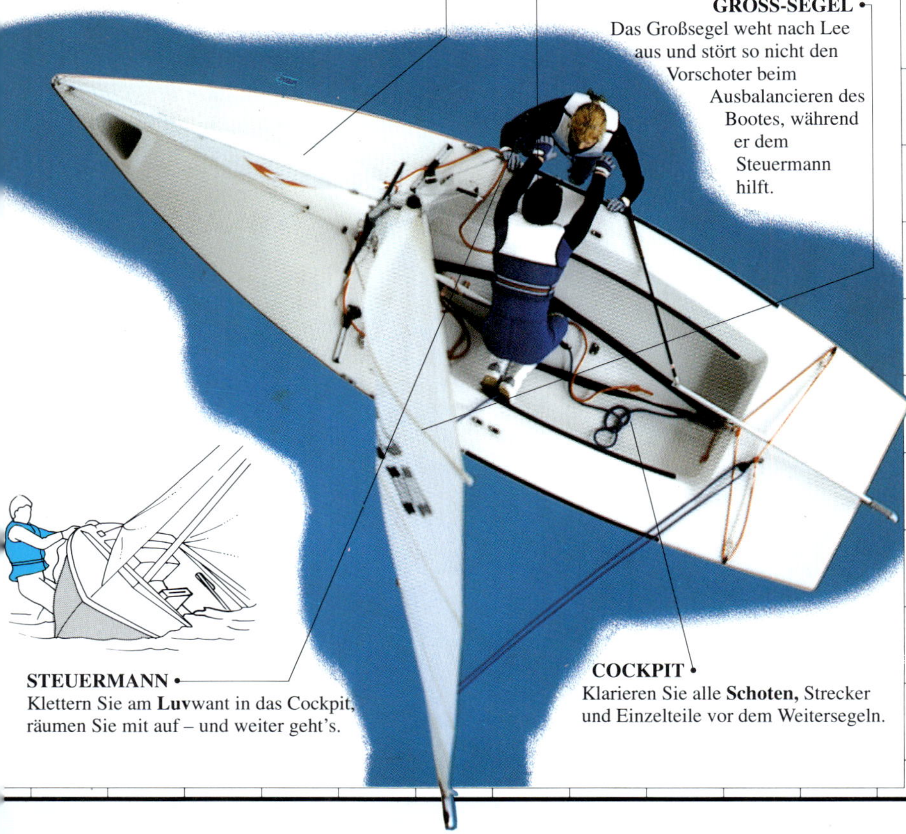

STEUERMANN •
Klettern Sie am **Luv**want in das Cockpit, räumen Sie mit auf – und weiter geht's.

COCKPIT •
Klarieren Sie alle **Schoten,** Strecker und Einzelteile vor dem Weitersegeln.

AUFGABE
11 DURCHKENTERN

Besonders moderne Jollen tendieren dazu, schnell durchzukentern. Das liegt an der üblicheren Verteilung des Auftriebs in die Rumpfseiten (und nicht in **Bug** und **Heck**). Einmal gekentert, liegt die Jolle sehr stabil mit dem Mast senkrecht nach unten und ist durch den Widerstand der Segel schwierig aufzurichten. Zum Aufrichten des durchgekenterten Bootes muß dieser Widerstand erst überwunden werden, bevor es wie nach einer normalen **Kenterung** weitergeht (s. S. 70).

1. Schritt

Gewicht einsetzen

Einige Jollen lassen sich mit Gewicht auf dem **Heck** oder dem **Bug** besser aufrichten. Finden Sie heraus, welche Technik zu Ihrem Boot paßt.

STEUERMANN
Greifen Sie eine **Fockschot** in **Lee** unter dem Rumpf und klettern Sie damit auf den umgedrehten Rumpf. Stellen Sie sich mit der **Schot** unter Spannung auf die **luv**seitige Scheuerleiste mit dem Rücken zum Wind oder knien Sie auf dem Rumpf.

VORSCHOTER
Kriechen Sie auf das **Heck.** Ihr gemeinsames Gewicht beginnt das Boot aufzurichten. Helfen Sie dann dem Steuermann am **Schwert.**

SCHWERT
Das **Schwert** sollte man so weit wie möglich aus dem Rumpf ziehen. Andernfalls kniet man sich zum Aufrichten auf die Scheuerleiste.

2. Schritt

BOOT AUFRICHTEN

Durch den Wasserwiderstand am **Rigg** dauert es etwas länger, bis sich die durchgekenterte Jolle in die 90-Grad-Lage dreht.

STEUERMANN •
Während sich das Boot langsam aufrichtet, sollte man langsam von der Scheuerleiste auf das **Schwert** klettern. Zeigt das **Rigg** dabei in den Wind, warten Sie mit dem weiteren Aufrichten, bis der **Mast** aus dem Wasser kommt, sich das Boot gedreht hat und das **Rigg** nach **Lee** weist.

• VORSCHOTER
Beim Aufrichten treibt das Boot ab. Achten Sie darauf, nicht vom Rumpf getrennt zu werden. Sicher sind Sie jetzt in **Lee** vom Boot (s. S. 72).

• SEGEL
Falls der Widerstand zu groß ist, bergen Sie das **Großsegel** vor dem Aufrichten.

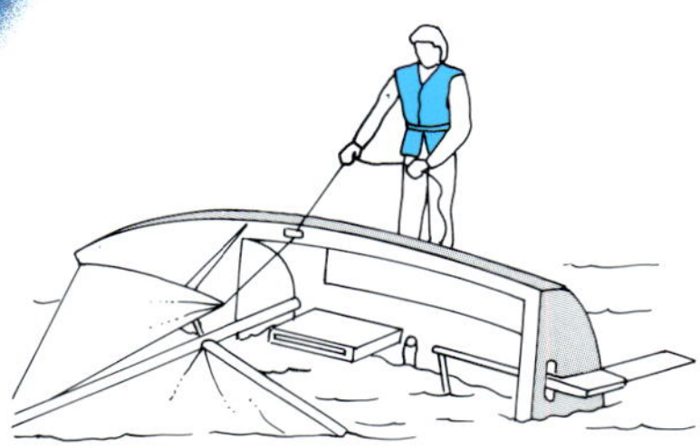

MAST IM GRUND
Wenn sich der **Mast** im Grund festgebohrt hat, sollten Sie Hilfe herbeiwinken.

AUFGABE

12 MANN ÜBER BORD

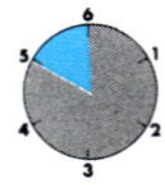

Was passiert, wenn der Mitsegler über Bord geht?

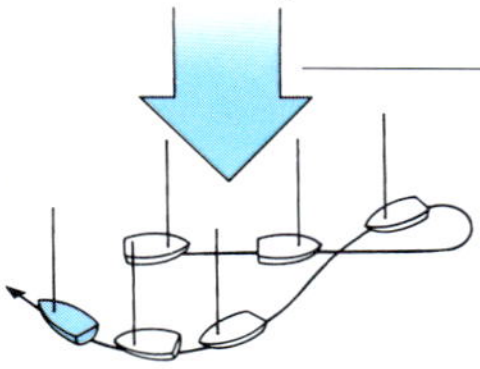

EIN PERFEKTES MANN-ÜBER-BORD-MANÖVER kann lebensnotwendig sein. Alle Crewmitglieder sollten den Ablauf als Rudergänger und Vorschoter mit einer Boje üben – das ist auch ein gutes Training für die Bootsbeherrschung.

ZIEL: Das Boot zu einem Punkt zurücksegeln, abstoppen und jemanden an Bord hieven. **Schwierigkeit: ••••**

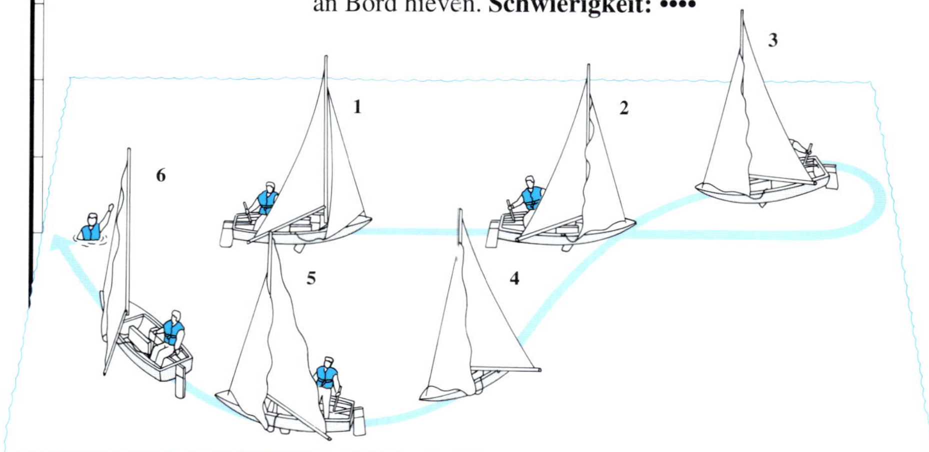

DER MANÖVER-ABLAUF

Die grundlegende Technik, eine über Bord gefallene Person zu retten, besteht aus sechs Stufen. Der Kurs zum Beginn des Vorfalls ist dabei egal.

1. Pinne und **Großschot** müssen Sie alleine in den Griff bekommen und das Boot auf einen **Halbwindkurs** bringen. Sie lassen die **Fock** flattern und senken ggf. das **Schwert** fast total ab.

2. Segeln Sie zunächst rund zehn bis 15 Bootslängen weiter, so daß Sie das Boot auf dem richtigen Kurs unter Kontrolle haben. Lassen Sie genug Raum nach **Lee** für die nächste Stufe.

3. Wenden Sie auf den Gegenkurs (**halber Wind** auf dem anderen **Bug**) und behalten Sie den über Bord Gefallenen im Blickfeld.

4. Fallen Sie so weit auf einen **Raumschotskurs** ab, daß Sie die Person zum Schluß mit einem **Amwindkurs** erreichen können.

5. Der **Amwindkurs** ist der einzige, der Ihnen die volle Kontrolle über Richtung und Geschwindigkeit gibt. Sind Sie zu schnell oder zu langsam, arbeiten Sie mit der Groß**schot** dagegen an.

6. Segeln Sie die letzten Meter so, daß das Boot stoppt, wenn die Person in der Höhe des **Luvwantes** schwimmt. Dort können Sie am besten helfen. Versuchen Sie es mit der **Lee**seite, kann die Jolle **kentern,** und beide liegen im Wasser. Probieren Sie es dagegen zu weit hinten, dreht sich die Jolle um die Person im Wasser. Mit der richtigen Position wird die Jolle ruhig liegen und die Segel stören nicht.

PERFEKTIONIEREN DES MANÖVERS

EXAKTER HALBWINDKURS
Wenn Sie auf dem Rückweg zu weit in **Luv** liegen, können Sie das Boot nicht abstoppen. Man muß lernen, zu Beginn des Manövers genau halben Wind zu segeln: Die Wellen sollen genau im rechten Winkel auf das Boot treffen, und der Windrichtungsanzeiger muß schräg zum Boot wehen.

DIE ÜBUNG MACHT'S
Zum Üben sucht man sich eine leere und ruhige Wasserfläche und benutzt einen Dummy. Ein 25 Liter fassender Kunststoffbehälter, fast vollständig mit Wasser gefüllt, gibt einen guten Ersatz ab und treibt beinahe genauso wie eine Person im Wasser ab.

6. Schritt

AN BORD HIEVEN

Ziehen Sie die Person am **Luv**want an Bord.

STEUERMANN •
Rutschen Sie zum **Luv**want. Falls Sie die Person nicht an Bord ziehen können, lassen Sie ihm eine **Schot** mit Schlinge als Fußtritt in das Wasser.

PINNE •
Geben Sie der **Pinnenverlängerung** einen kurzen Schub nach **Luv,** bevor Sie nach vorne gehen. Dadurch ist sichergestellt, daß die Jolle nicht **anluvt** und so möglicherweise auf die Person im Wasser **wendet.**

SEGEL •
Die Segel wehen nach **Lee** aus, stören nicht und produzieren keinen Vortrieb – das Boot wird nicht von alleine lossegeln.

Tips für Fortgeschrittene

Sie kennen jetzt die Grundlagen. Bleiben Sie beim Segeln?

Gut gemacht! In nur wenigen Tagen haben Sie die Grundlagen der Segelpraxis gelernt. Egal, ob Sie weiter Jolle segeln oder sich für Yachten entscheiden: Alles, was Sie bisher gelernt haben, bleibt wichtig. Wie weiter?

Segeln im Verein

Die Mitgliedschaft in einem Segelverein hat Vorteile: Sie können die Vereinsboote benutzen und bekommen Kontakte zu Seglern mit eigenen Booten, die Sie vielleicht mitnehmen. Eventuell hilft der Verein auch beim Kauf eines gebrauchten oder neuen Bootes.

Bevor Sie in einen Verein eintreten, sollten Sie prüfen, ob dessen Einrichtungen, Aktivitäten, Angebote und Mitglieder Ihren Vorstellungen entsprechen. In einigen Clubs zum Beispiel gehören Arbeitsdienste an Land und auf dem Wasser zur Mitgliedschaft.

Regattasegeln

Gelegentliche Regatten sind eine der Hauptaktivitäten vieler Clubs. Das ist eine gute Möglichkeit, besser und dadurch mit mehr Spaß segeln zu lernen. Mitsegler auch ohne eigenes Boot werden oft genug gesucht, und so mancher ist dadurch schon zu einem Stammplatz auf einer Admiral's-Cup-Yacht gekommen.

Weiterbildung

Eine Alternative, das Regattasegeln zu lernen, sind spezielle Kurse, die einige Vereine, Segelschulen oder Charterfirmen anbieten. Dort lernt man Regeln, Taktik und gehobene Segeltechnik wie Roll-Wenden und -Halsen (s. S. 80–85) mit der Jolle oder Manöver auf Yachten.

Alleine segeln

Auch wenn man keine Vereine mag, kann man Segeln genießen. Vielen Leuten reicht die Freude an einem zweiwöchigen Charterurlaub mit einer geliehenen Yacht für ein ganzes Jahr. Und das ist die Schönheit dieses Sports: Er ist, was man daraus macht.

ROLLWENDE

Eine Technik für schnellere Wenden bei Leichtwind

MAN SOLLTE DIESE TECHNIK LERNEN, sobald man normale **Wenden** beherrscht. Mit einer perfekten Roll**wende** wird das Boot im Manöver nicht langsamer.

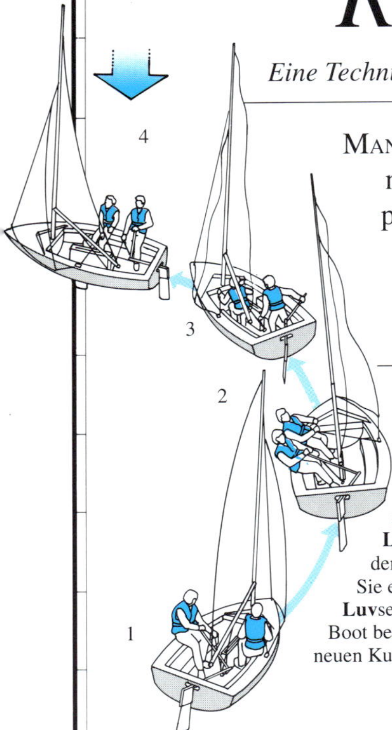

DAS MANÖVER
(1) Man leitet die **Wende** wie üblich ein (s. S. 42–47). Wenn der **Bug** in den Wind zeigt, legt man sich extrem nach **Luv** (Richtung Kurs) aus dem Boot (2). Wechseln Sie erst auf die neue **Luv**seite (3), wenn das Boot beinahe auf dem neuen Kurs liegt (4).

2. Schritt

BUG IM WIND

Nachdem der Steuermann für mehr Geschwindigkeit etwas **abgefallen** ist, den Vorschoter informiert und die **Pinne** stark nach **Lee** gelegt hat, beginnt die Rolle.

CREW
Wenn der **Bug** in den Wind zeigt, klettert der Vorschoter zur alten **Luv**seite und lehnt sich zusammen mit dem Steuermann nach draußen, bis das Boot stark krängt. Sie beherrschen diesen Schritt,wenn dabei die Scheuerleiste das Wasser touchiert.

PINNE
Halten Sie die **Pinne** während des gesamten Manövers gelegt.

SEGEL
Durch das Rollen des Bootes erhöht sich die scheinbare Windgeschwindigkeit an den Segeln; das Boot wird beschleunigt.

4. Schritt

DER NEUE KURS

Der übliche Fehler ist, zu früh auf die neue Seite zu wechseln. Warten Sie damit, bis der **Bug** mindestens auf dem halben Weg zwischen Windrichtung und neuem Kurs liegt.

CREW •
Sobald das Boot fast vollständig auf den neuen Kurs hoch am Wind **abgefallen** ist, wechseln Sie beide gleichzeitig zur neuen **Luv**seite, um das Boot wieder aufzurichten. Bei sehr leichtem Wind aber bleibt der Vorschoter in Lee sitzen.

SEGEL •
Bei Leichtwind werden beide Segel anfangs etwas gefiert und dann wieder sanft dichtgeholt, während das Boot beschleunigt.

PINNE •
Kurz bevor das Boot auf dem neuen Kurs segelt, legen Sie die **Pinne** wieder gerade. Tauschen Sie erst dann die Hände für Groß**schot** und **Pinne.**

WINDDREHUNGEN

Scheinbar weht der Wind immer gleich. Tatsächlich ändert sich aber öfters dessen Richtung ein wenig, besonders bei Leichtwind.

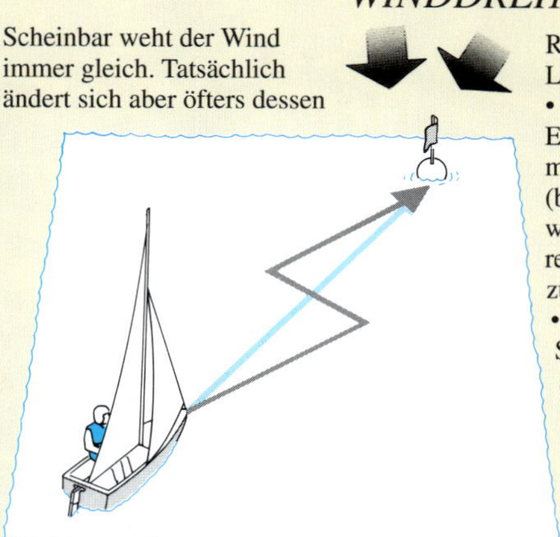

- Winddrehungen haben ihren größten Einfluß beim Segeln hoch am Wind. Wenn man eine Tonne gerade eben erreichen kann (blauer Kurs) und der Wind dreht so, daß er weiter von vorne kommt (schwarzer Pfeil rechts), spürt man das. Die Segel beginnen zu flattern, das Boot richtet sich etwas auf.
- Ist die Winddrehung beständiger, erreichen Sie die Tonne nur durch **Abfallen,** bis die Segel wieder normal stehen, und durch **Kreuzen.**
- Sehen Sie nach günstigen Winddrehungen, die Ihnen erlauben, die Segel zu fieren oder **anzuluven** – das macht es leichter, ein Ziel in **Luv** zu erreichen.

ROLLHALSE

Das Manöver verbessert die normale Leichtwindhalse

WENN SIE BEI LEICHTWIND die **Halse** konventionell durchführen (s. S. 60–65), braucht das Zeit: Die Jolle muß erst einen weiten Bogen durchsegeln, bis das **Großsegel** von der anderen Seite an- und über das Boot geweht wird. Eine Roll**halse** beschleunigt diesen Prozeß.

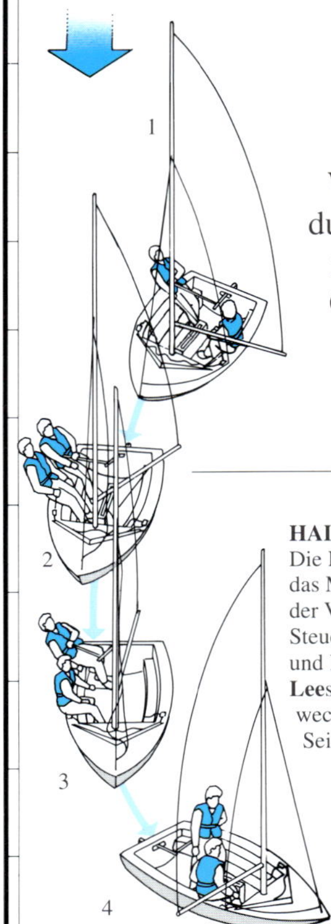

HALSEN-SEQUENZ
Die **Halse** beginnt normal (1), aber wenn das Manöver eingeleitet ist (2), rutscht der Vorschoter schnell und ruhig zum Steuermann nach **Luv.** Das rollt das Boot und läßt den **Baum** leichter zur neuen **Lee**seite klappen (3). Der Steuermann wechselt dabei die Seite.

2. Schritt

HALSE EINLEITEN

Das Boot sollte anfangs aufrecht liegen; es ist schwer, mit Lage nach **Lee** abzufallen. Der Steuermann checkt die neue Richtung nach Hindernissen ab und informiert den Vorschoter.

CREW •
Der Steuermann ruft „Rund achtern" und zieht die **Pinne** nach **Luv.** Daraufhin wechselt der Vorschoter sofort nach **Luv,** und in einer flüssigen Bewegung lehnen sich beide nach draußen, um das Boot zu rollen.

GROSS-SEGEL •
Durch einem kurzen Zug quer am **Baumniederholer** klappt der Vorschoter den Groß**baum** und somit das **Großsegel** auf die neue Seite.

• **PINNE**
Legen Sie die **Pinne** mittschiffs, wenn das **Heck** durch den Wind dreht und der Baum überkommt.

4. Schritt

DER NEUE KURS

Während der Baum in der **Halse** überkommt, wechselt der Steuermann auf die neue **Luv**seite, um das Boot wieder aufzurichten. Danach ist die Technik dieselbe wie weiter vorne beschrieben. Sobald der neue Kurs anliegt, stellen Sie Segel und **Schwert** ein.

• STEUERMANN
Auf der neuen **Luv**seite steuert man mit der alten Steuer-Hand weiter, bis das Boot sauber auf dem neuen Kurs segelt. Dann erst wechseln Sie die Hände für Groß**schot** und **Pinne.**

• SCHWERT
Wird nach der **Halse** für den neuen Kurs entsprechend eingestellt.

VORSCHOTER •
Balancieren Sie das Boot in **Lee** sitzend aus, es sei denn, der neue Kurs erfordert Ihr Gewicht in **Luv.**

• SEGEL
Auf dem neuen Kurs trimmen Sie zuerst die **Fock** nach den Windfäden und dann das **Großsegel,** bis es am **Vorliek** nicht mehr flattert.

WELCHER KURS BEI LEICHTWIND?

WICHTIGE PUNKTE
Der schnellste Zielkurs ist besonders bei Leichtwind schwierig zu finden.
• Wenn Sie in Gewässern ohne Strömung vom Wind wegsegeln, erreichen Sie Ihr Ziel einfach durch einen geraden Kurs.
• In einem Gewässer mit Strom werden Sie seitlich versetzt, abgestoppt (Strom genau von vorn) oder beschleunigt (Strom genau von hinten).
• Denken Sie beim Segeln am Wind an Winddrehungen und achten Sie immer auf Hindernisse.

STRÖMUNG UND TIDENSTROM
• Versuchen Sie dort zu segeln, wo der Strom Sie unterstützt.
• Vermeiden Sie möglichst starken Strom von vorn.
• Der Strom ist an tieferen Stellen eines Gewässers schneller als an flachen und in der Außenkurve eines Flusses schneller als in der Innenkurve.
• Achten Sie bei der Ausnutzung des Stroms aber auch weiterhin auf genügend Wassertiefe.
• Denken Sie in Tidengewässern (z. B. Nordsee) an die Hoch- und Niedrigwasserzeiten.

SEGELN BEI STARKWIND

Wenn Sie diese Technik beherrschen lernen, haben Sie mehr Spaß am Segeln und fahren sicherer.

MIT WACHSENDER ZUVERSICHT werden Sie auch bei mehr Wind segeln wollen. Das bringt gerade mit einer schnellen, modernen Leichtgewichtsjolle den puren Geschwindigkeitsrausch. Alles geht schneller, aber die Jolle verzeiht auch weniger Fehler.

LUVKURSE

Das Segeln nach **Luv** ist rein physisch anspruchsvoll, da Sie das jetzt deutlich stärker **krängende** Boot möglichst aufrecht segeln müssen.

• VORSCHOTER
Hängt gestreckt möglichst weit draußen, um das Boot gerade zu segeln, und rutscht etwas nach hinten, um den **Bug** anzuheben.

• SEGEL
Ziehen Sie das **Großsegel** mit dem **Unterliek**strecker und dem **Vorliek**strecker flach. In den Böen werden beide Segel vorsichtig gefiert, bis deren **Vorlieks** ein Flattern erahnen lassen.

• SCHWERT
Liften Sie das **Schwert** auch beim **Kreuzen** ein wenig an, um die **Krängung** zu reduzieren. Die zusätzliche Geschwindigkeit kompensiert die größere **Abdrift.**

STEUERMANN •
Steuern Sie das Boot durch jede Welle. Luven Sie beim Klettern auf den Wellenkamm etwas an und nehmen Sie die Groß**schot** dichter. Bei der Talfahrt fieren Sie die Groß**schot** wieder etwas, fallen ein wenig ab und rutschen nach hinten, bevor der **Bug** zu sehr eintaucht.

LEEKURSE

Die hier gezeigten Punkte gelten fast ausnahmslos für alle Kurse weg vom Wind.

STEUERMANN
Sitzt möglichst weit hinten, wenn das Boot über die Wellen **gleitet** oder surft. Dabei müssen Sie manchmal das **Großsegel** dichter nehmen und **Pinnen-** und **Schot**bewegungen koordinieren. Sie können nur mit gelöster Groß**schot** weiter abfallen.

VORSCHOTER
Nur eine aufrechte und in Längsrichtung gerade Jolle gleitet. Sie sitzen also dicht am Steuermann, balancieren das Boot aus und achten darauf, daß der **Bug** nicht eintaucht. Vor dem Wind sitzen Sie in **Lee.**

SEGEL
Falls Sie der Wind überfordert, fieren Sie den **Baumniederholer,** um das **Achterliek** im oberen Teil des **Großsegels** zu öffnen und so Druck abzulassen. Verschiebbare **Fock**holepunkte werden nach außen und nach hinten gefahren, um die Düse zwischen **Fock** und **Groß** zu vergrößern. Schoten Sie niemals die **Fock** zu dicht.

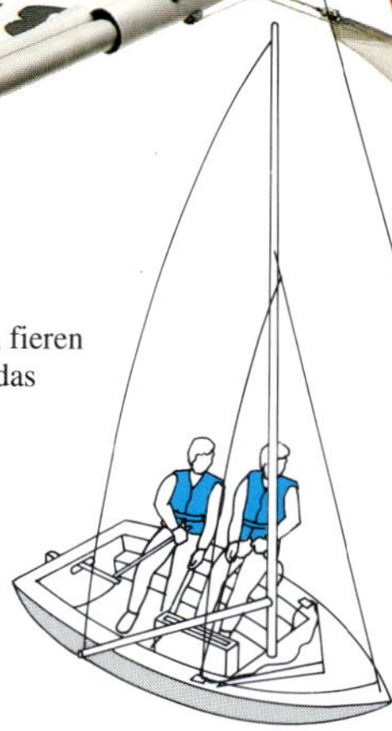

SCHWERT
Liften Sie das **Schwert** um zwei Drittel: So wird verhindert, daß die Jolle nach jeder **Gleit-** oder Surfphase über das **Schwert** stolpern kann.

PINNE
Fallen Sie in jeder Bö **ab** und **luven** Sie nach der Bö wieder an. **Fallen** Sie auch **ab,** wenn eine Welle das **Heck** hebt. Sie **luven** wieder an, sobald Sie die Welle hinabrauschen.

DIE FREUDEN DES GLEITENS

WELLENREITEN
Das Boot gleitet, wenn es den Bug auf seine eigene Welle hebt. Mehr Segelfläche und weniger Gewicht begünstigen diesen Zustand.

- Das Boot muß aufrecht und in Längsrichtung gerade segeln. Das **Schwert** sollte halb geliftet sein.
- Um zu gleiten, sieht man nach Böen, reitet stark aus und ist bereit, die **Schoten** zu fieren (extra Krängung durch mehr Wind).
- Wenn die Bö auf die Segel trifft, rutschen Sie nach hinten. Sobald das Boot beschleunigt, nehmen Sie die Schoten dichter, hängen sich so weit hinaus wie nötig – und genießen den Ritt.
- Wenn die Bö nachläßt, können Sie die Rutschpartie verlängern, indem Sie leicht anluven. Wenn die Gleitphase endet, verlagern Sie Ihr Gewicht wieder nach vorne. Beobachten Sie Wind und Wellen für den nächsten Ritt.

AUSWEICHREGELN AUF DEM WASSER

Wer hat die Vorfahrt auf dem Wasser?

ALLE SCHIFFE unterliegen den Internationalen Kollisionsverhütungsregeln (KVR) und auf deutschen Gewässern ergänzend der Seeschiffahrtsstraßen-Ordnung (SeeSchStrO), die beide unter anderem Ausweichregeln behandeln.

REGATTASEGELN
Das Ziel beim Regattasegeln ist, den durch Bojen meist zu einem Dreieck ausgelegten Kurs möglichst schnell abzusegeln. Kommen sich dabei zwei Boote mit **Wind von derselben Seite** wie hier die beiden Laser-Jollen zu nahe, ist das **luv**wärtige Boot (hier rechts) ausweichpflichtig. Das **Lee**-Boot hat Vorfahrt.

REGELN ZUM REGATTASEGELN
Regatten, bestehend aus mehreren Wettfahrten, werden nach den Wettfahrtregeln – Segeln – ausgetragen. Dieses komplexe Regelwerk des Weltseglerverbandes, der International Sailing Federation (ISAF), legt auch fest, wer Wegerecht hat. Das wird besonders bei Tonnenrundungen mit mehreren Booten wichtig.

GRUNDREGEL 1: BOOTE MIT WIND VON ENTGEGENGESETZTER SEITE

Das Boot mit Wind von **Backbord** muß dem Boot mit Wind von **Steuerbord** ausweichen. Das Boot mit Wind von Backbord hat dabei drei Möglichkeiten: abstoppen, **wenden** oder **abfallen** und hinter dem anderen Boot durchsegeln. Das Boot mit Wind von Steuerbord muß Kurs und Geschwindigkeit beibehalten.

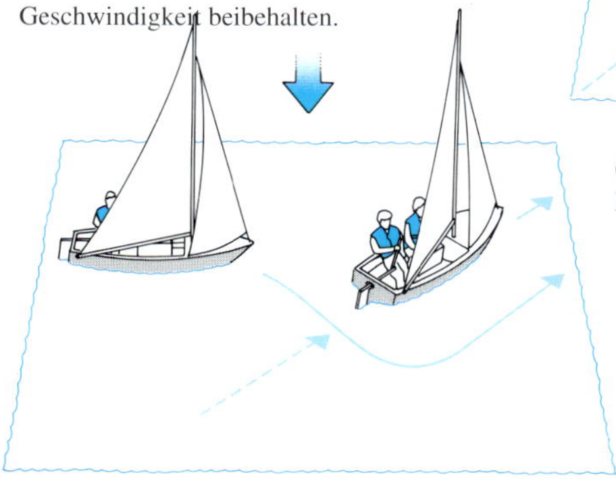

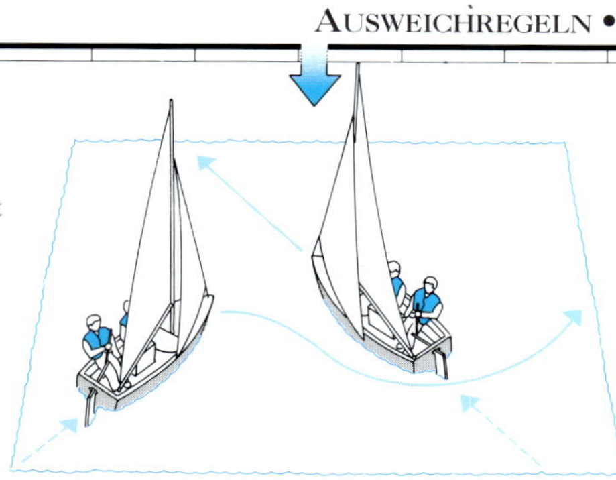

GRUNDREGEL 2: BOOTE MIT WIND VON DER GLEICHEN SEITE

Das **Luv**-Boot muß dem **Lee**-Boot ausweichen. Der Grund: Das **Luv**-Boot könnte dem **Lee**-Boot den Wind wegnehmen, was aber trotz dieser Regel eine übliche und erlaubte Taktik in Regatten ist. Wenn ein Boot ein anderes überholt, muß sich der Überholer freihalten.

BEGEGNUNG MIT GRÖSSEREN SCHIFFEN

Auf offenem Wasser haben Segler Vorfahrt vor jedem motorgetriebenen Schiff, es sei denn, es ist manövrierunfähig oder -behindert oder fischt. In einem Fahrwasser gilt das Rechtsfahrgebot, und hier haben auch tiefgangbehinderte Schiffe Vorfahrt vor Segelbooten. Es muß aber jedem Segler einleuchten, sich von größeren Schiffen generell freizuhalten – und das möglichst eindeutig.

ESELSBRÜCKE: BAUM-MARKIERUNG

Wenn Sie unerwartet auf ein anderes Segelboot treffen, ist leicht vergessen, mit welchem Wind man segelt. Dem helfen Markierungen am **Baum** ab (siehe Zeichnung).

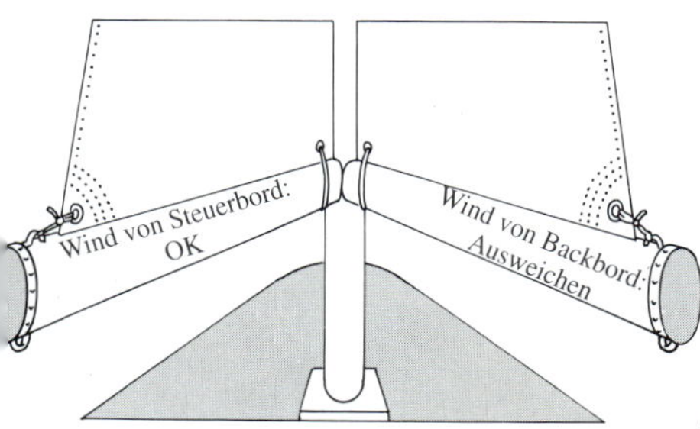

Ist der Groß**baum** an **Backbord**, segeln Sie mit Steuerbordwind (Vorfahrt). Hängt er an **Steuerbord**, segeln Sie mit Backbordwind (ausweichen).

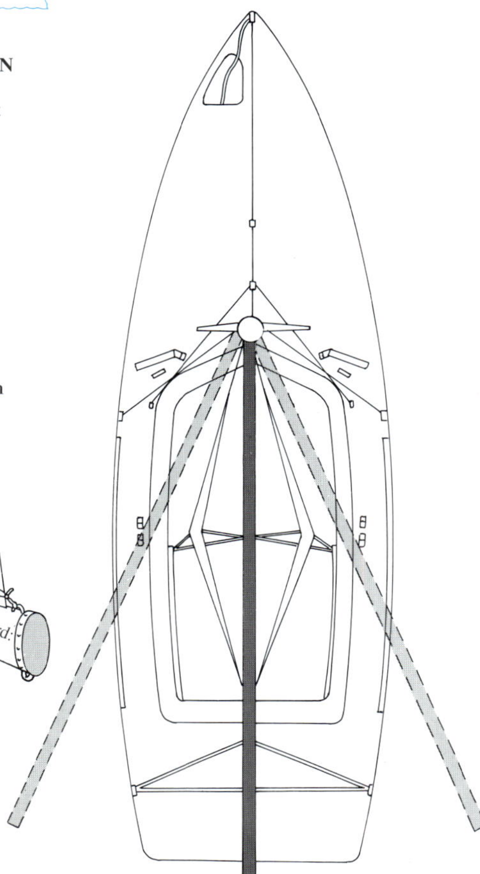

Welches Boot?

So entscheiden Sie, welches Boot zu Ihnen paßt

Es gibt Hunderte unterschiedliche Jollenklassen auf der Welt. Einige sind international verbreitete und organisierte Klassen, andere findet man nur regional. Vor dem Kauf sollte man für sich zwei Fragen klären: „Wo will ich segeln?“ und „Was für Ansprüche habe ich sportlich an das Boot und mich?“

Rundspant-Rumpf

Die meisten in den letzten 20 Jahren konstruierten Boote haben einen runden Spant (Querschnitt) und eingebauten Auftrieb. Je flacher der Rumpf ist, desto mehr deutet das auf ein Regattaboot hin. Die Riggs variieren von einfach bis ausgetüftelt. Mit aufwendigen **Trimm**einrichtungen kann man die Segel für jede Wind- und Wellenbedingung justieren. Zum Segelnlernen sollten Sie sich aber ein einfaches Boot aussuchen.

Knickspant-Rumpf

Viele urspünglich für die Holzbauweise konstruierten Jollen haben einen Knickspant, wie hier auf dem Foto am **Heck** zu sehen ist. Diese Boote gibt es jetzt aber auch mit Kunststoff-Rumpf und Holzdeck oder nur aus Kunststoff. Je höher der Rumpf, desto mehr läßt das auf eine Fahrtenjolle schließen. Zwei Leute können eine vier Meter (13 Fuß) lange Jolle segeln. Zu dritt oder viert bieten sich rund fünf Meter (16 Fuß) Rumpflänge an.

OPTIMIST
Die klassische Kinderjolle ist 2,7 Meter lang und hat ein einfaches Spritsegel-**Rigg.**

CADET
Konstruiert als Zweimannboot für Jugendliche, ist die Cadet auch beim Regattasegeln beliebt.

ENTERPRISE
Internationale Klasse mit **Heck-Großschot.** Die Zweimannjolle ist ein gutes Allround- und Lernboot.

420
Die Zweimannjolle hat **Trapez** und **Spinnaker,** ist schnell und als Jugend-Regattaboot weit verbreitet.

LASER
Das Boot ist schnell, aber simpel. Laser ist die populärste Einmannklasse für Erwachsene weltweit.

DART
Das leichte und schnelle Zweirumpfboot (Katamaran) ist zum Fahrten- und Regattasegeln gleichermaßen geeignet.

GEBRAUCHTBOOTKAUF

Diese Punkte sollten Sie bei einer gebrauchten Jolle begutachten.

GROSSE SEGELZEITSCHRIFTEN und das Schwarze Brett im Segelklub sind die besten Fundgruben für gebrauchte Boote. Wenn Sie einen bestimmten Typ im Auge haben, können Sie sich auch an die Klassenvereinigung wenden (Adressen beim Deutschen Segler-Verband, s. letzte Buchseite), die meist in ihren Mitteilungen gebrauchte Boote anbieten. Lassen Sie sich bei der Begutachtung Zeit und checken Sie die hier gezeigten Details ab. Kleine Fehler am Rumpf können repariert werden, defekte Beschläge lassen sich ersetzen – diese Dinge sollten sich aber im Preis niederschlagen.

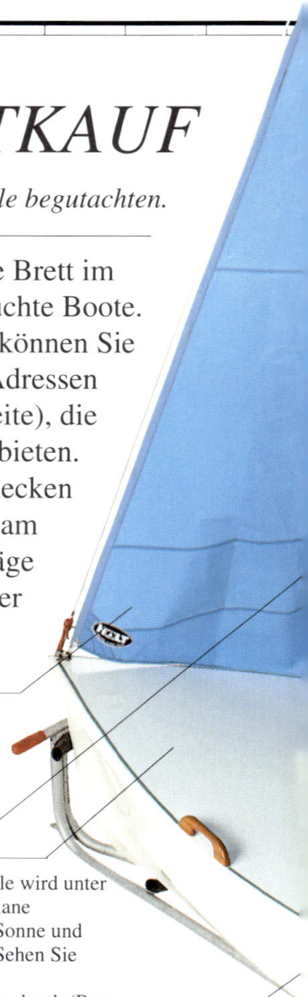

FOCK
Verschleiß tritt meist an den Nähten, den **Lieken** und den Ecken auf. Die aufgedoppelten Verstärkungen am **Schothorn** und der eingenähte Draht im **Vorliek** sollten keine Kinken zeigen, was das Segel schwächen könnte.

GROSS-SEGEL
Sehen Sie alle Nähte, die Lattentaschen, sowie die Ecken und dabei insbesondere das **Kopfbrett** durch. Lose Nähte kann der Segelmacher nachnähen. Die Segelnummer kann Auskunft über das Bootsalter geben und muß bei Regattabooten mit der Rumpfnummer und dem Vermessungszertifikat übereinstimmen.

DECK
Eine gepflegte Jolle wird unter einer speziellen Plane (Persenning) vor Sonne und Dreck geschützt. Sehen Sie Holzdecks auf Farbveränderungen durch (Rott durch Wassereinschlüsse?). Kunststoffdecks sollten keine feinen Risse zeigen.

RIGG UND BESCHLÄGE
Achten Sie auf Abnutzung und Korrosion. Greifen Sie **Wanten** und Draht**fallen** nach Fleischhaken ab. Diese gebrochenen Stränge (Kardeele) können Probleme bereiten. Prüfen Sie alle Leinen auf Abrieb und die Beschläge auf Funktion und Montage. Drehen sich alle Rollen, auch die im Mast?

SCHWERT
Senken Sie das **Schwert** ab und suchen Sie nach Rissen. Eine beschädigte Vorderkante läßt auf eine harte Grundberührung schließen. Das **Schwert** sollte leichtgängig sein, aber nicht im Kasten klappern.

EINGEBAUTER AUFTRIEB
Falls die Jolle mit eingebautem Auftrieb aus Luftsäcken oder Schaumblöcken ausgerüstet ist, sollte der überprüft werden. Die Schaumtanks müssen trocken und Luftsäcke dicht und gut befestigt sein. Fragen Sie nach dem Schwimmverhalten.

SLIPWAGEN UND TRAILER
Ein verzinkter Slipwagen hält länger als ein angemalter. Sehen Sie nach Korrosion. Überprüfen Sie die Reifen des Trailers nach ungleichmäßigem Abtrag und die Radlager auf Spiel. Ist die Elektrik in Ordnung?

RUMPF •
Heben Sie die Jolle auf eine weiche Oberfläche und drehen Sie das Boot auf die Seite. Sehen Sie den gesamten Rumpf auf kleine Risse und Reparaturstellen durch. Oberflächliche Kratzer können wegpoliert oder übergespachtelt werden. Sind die Schwertlippen okay?

RUDER UND PINNE •
Sehen Sie nach Rissen im **Ruder**blatt und nach Schäden an der Vorderkante. Klappert das **Ruder**blatt im Kopf? Lockere **Ruder**beschläge müssen wieder festgezogen werden können. Sitzt die **Pinne** fest im **Kopf** und läßt sich der **Pinnenausleger** gut bewegen?

GLOSSAR

A

• **Abdrift** Seitliche Bewegung des Bootes nach Lee
• **Abfallen** Den Bug vom Wind wegdrehen
• **Achterliek** Hintere Segelkante
• **Achtern** Hinten
• **Amwindkurs** Kurs in Luvrichtung mit leicht gefierten Schoten
• **Anluven** Den Bug zum Wind drehen

B

• **Backbord** In Fahrtrichtung gesehen links
• **Backbordwind** Segeln mit der in Fahrtrichtung rechten Bootsseite in Lee (Segel an Steuerbord)
• **Baum** Waagerechte, bewegliche Stange am Unterliek eines Segels
• **Baumniederholer** Leinenvorrichtung, die den Baum am Steigen hindert
• **Block** Leinenrolle mit Gehäuse
• **Bug** Bootsspitze, aber siehe auch Steuerbordbug und Backbordbug

F

• **Fall** Leine oder Draht zum Setzen eines Segels
• **Fieren** Eine belastete Leine langsam lösen, nachgeben
• **Fock** Nicht überlappendes Vorsegel

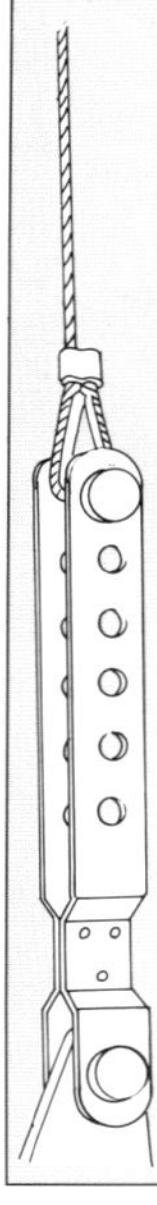

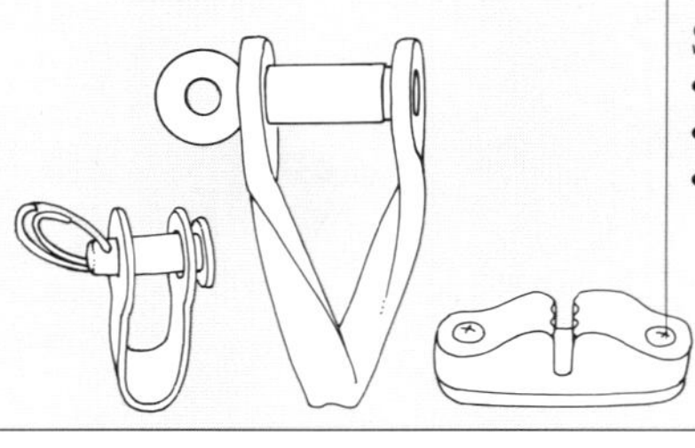

G

• **Gleiten** Schnelles Segeln bei mehr Wind, Boot hebt sich über die eigene Bugwelle
• **Großsegel** An der Masthinterkante gesetztes Hauptsegel

H

• **Halbwindkurs** Wind weht quer zum Boot
• **Hals** Vordere, untere Ecke eines Segels
• **Halse** Heck dreht durch Wind
• **Heck** Hinterer Teil des Bootes
• **Hoch am Wind** Das Segeln dicht zum Wind, kleinstmöglicher Windeinfallswinkel

K

• **Kentern** Umkippen
• **Klampe** Beschlag zum Befestigen einer Leine
• **Kopf** Obere Ecke eines Segels
• **Krängung** Schräglage, Lage eines Bootes
• **Kreuzen,** Kreuzkurs Segeln hoch am Wind mit mehreren Wenden, um ein Ziel in Luv zu erreichen
• **Kurs hoch am Wind** Dichtester Kurs zum Wind, kleinstmöglicher Windeinfallswinkel
• **Krängung** Schräglage eines Bootes

L

• **Landwind** Wind, der von Land auf See weht
• **Lee** Die dem Wind abgewandte Seite
• **Luv** Die dem Wind zugewandte Seite
• **Liek** Kante (Seite) eines Segels

M

Mast Senkrechte, segeltragende tange

P

Pinne Steuerknüppel eines Bootes
Pinnenverlängerung (Ausleger) bgewinkelte Stange auf der Pinne zum teuern von Luv aus
Pütting Beschlag zur Befestigung der Vanten

R

Raumschotskurs Eigentlich alle urse, die nicht hoch am Wind gesegelt erden, aber speziell auch Kurse zwichen 90 und 180 Grad Windeinfallsinkel
Reffen Verkleinern der Segelfläche
Rigg Takelage, besteht aus Mast, aum, Wanten, Stagen, Schoten und treckern
Ruder Senkrechter Steuerflügel im Vasser
Ruderkopf Beschlag, der Ruder und inne verbindet

S

Schot Leine zum Verstellen des egelanstellwinkels
Schothorn Hintere, untere Ecke eines egels
Schwert Senkrechter Flügel unter Vasser zur Verminderung der Abdrift
Seewind Wind, der von See auf Land eht
Spinnaker Meist buntes, ballonarges Segel für Kurse weg vom Wind
Stag Draht, der den Mast in Schiffsängsrichtung stabilisiert

• **Steuerbord** In Fahrtrichtung rechts
• **Steuerbordwind** Segeln mit der in Fahrtrichtung linken Bootsseite in Lee (Segel an Backbord)
• **Spiegel** Flache Abschlußplatte des Rumpfes

T

• **Trapez** Draht- und Gurtsystem, um den Körper weiter aus dem Schiff hängen zu können
• **Trimm** Einstellen, justieren von Segeln oder Verlagerung des Gewichtes

U

• **Unterliek** Untere Kante eines Segels

V

• **Vorliek** Vordere Kante eines Segels
• **Vorstag** Diagonal-Draht vom Bug zum Mast
• **Vorwindkurs** Kurs direkt vom Wind weg

W

• **Want** Draht, der den Mast seitlich hält
• **Wende** Bug dreht durch den Wind
• **Windeinfallswinkel** Winkel zwischen Kurslinie des Bootes und Windrichtung, maximal 180 Grad

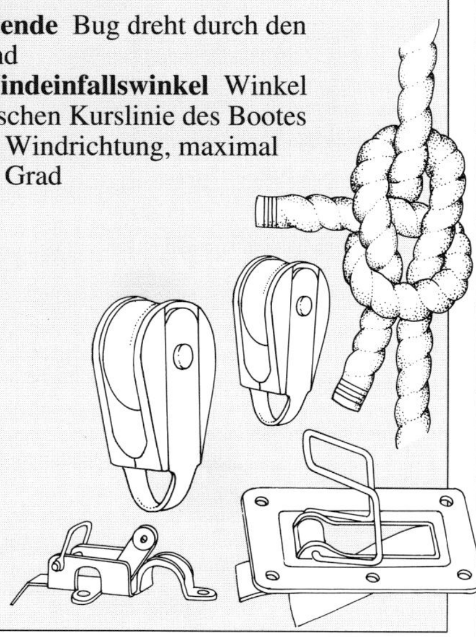

STICHWORTVERZEICHNIS

A

Abdrift 21
abfallen 44, 56, 57
ablandiger Wind 35
ablegen 34-37
abslippen 32-33, 37
abstoppen 50-51
abstoßen 34, 36
Achtknoten 14
Amwindkurs 25, 38, 40, 49
anlegen 52-55
anluven 42, 48
auflandiger Wind 35
Aufschießen von Leinen 14
Aufschießer 51
aufslippen 33
Auftrieb 11, 74, 88, 91
Auftriebshilfen 8, 18
Ausreitgurte 11

B

Backbordwind 87
Baum: 11
– Großsegel setzen 30
– halsen 62
– markieren 87
– vor dem Wind 58
Baumniederholer 13
Baumnut 30
beidrehen 50-51
Bekleidung 16-17
Beschläge 12-13
Bootskauf 79, 88-91
Bugleine 32

C

Cockpit 11
Crew-Positionen 21, 39
Cunningham(-Strecker) 13

D

Deck 10, 90

F

Fall 13, 29, 30
Fall-Hakenleiste 29
Fock:
– anlegen 53
– beidrehen 50
– Gebrauchtboot 90
– halsen 60-65
– hoch am Wind 48-49
– kentern 73
– Kreiskurs 67-69
– lossegeln 35-36
– Raumschotskurs 38-40
– setzen 29
– steuern mit 23
– Vorwindkurs 58-59
Fockholepunkte 13, 29
Fußbekleidung 8, 17, 19

G

Gewichtstrimm 39
Gleiten 85
Großschot: 11, 31
– am Heck 31, 41, 46-47, 64-65
– zentral 31, 41, 46
Großschotblock 12
Großsegel:
– anlegen 53, 55
– beidrehen 50
– Gebrauchtboot 90
– Großschotsysteme 31
– halsen 60-65
– hoch am Wind 48-49
– kentern 70, 73, 75
– Kreiskurs 67-69
– lossegeln 35-36
– Raumschotskurs 38-40
– Rollhalse 82
– setzen 30
– steuern mit 23
– Vorwindkurs 58-59
– wenden 43-47
Gummistiefel 17, 19

H

Halber Wind 25, 38, 42, 56, 68
Halsen 60-65, 67, 82-83
Handschuhe 8, 16
Hoch am Wind segeln 24, 48-51, 69, 83, 84-4

K

Kentern 9, 70-75
Knickspanter 88
Knoten 14-15
Kreiskurs 66-69
kreuzen (s. wenden)
Kurse zum Wind 24-25

L

Lee-Boot 87
Leeküste:
– ablegen 45-36
– anlegen 52-54
Leinen:
– aufschießen 14
– Knoten 14-14
lossegeln 35-36
Luv-Boot 87
Luvküste:
– ablegen 34-35
– anlegen 52, 54-55

M

Mann über Bord 76-77
Mast: 10
– an Deck 29
– kentern 75
– setzen 28
Mütze 16
Mund zu Mund Beatmung 19

N

Neoprenanzüge 16-17

O

Ölzeug 16

P

paddeln 53
Pinne: 11, 91
– Amwindkurs 49-50
– beidrehen 50
– halsen 61-62, 82
– Kreiskurs 68-69
– lossegeln 35, 36
– Raumschotskurs 38-40
– Rollwende 80-81
– Schot dichtholen 41
– Starkwind 85
– Vorwindkurs 57-59
– wenden 43-47
Ponton (s. Steg)
Pütting 12

R

Raumschots segeln 24, 38-41, 39, 56-57
Regattasegeln 79, 86
Rigg 10, 28-31, 90
Rollhalse 82-83
Rollwende 80-81
Ruder: 11, 12, 91
– ablegen 34, 36
– abslippen Jolle 32
– anlegen 53, 55
– Ausweichregeln 86-87
– Kreiskurs 67
– lossegeln 36
– steuern mit 22
– wenden 43
Rumpf: 10, 88, 90
– abslippen 32-33
– anlegen 53
– Gewichtstrimm 39
– Mast setzen 28
Rundspanter 88
Rundtörn mit zwei halben Schlägen 14

S

Salinge 10
Schäkel 13
Schmetterling, Segel als 59
Schot dichtnehmen 41
Schotstek 14
Schuhe 8, 19
Schwert: 11, 21, 90
– ablegen 34
– Amwindkurs 49
– anlegen 53
– halsen 60-61, 65
– kentern 72, 74
– Kreiskurs 67-69
– lossegeln 36
– Raumschots 38-40
– Rollhalse 83
– Starkwind 84-85
– Vorwindkurs 57-58
– wenden 43, 45, 47
Segel:
– Gebrauchtbootkauf 90-91
– Segellatten 30
– Starkwind 84-85
– Theorie 20-21
– Trimm 40
– Winkel 20
Segelstellungen 24-25
Selbstlenzer 12
Setzen der Segel 29-30
Sicherheit 18-19
Slipwagen 32-33, 90
Steckschwert (s. Schwert)
Steg, anlegen am 54-55
Stehendes Gut 10
Stellen des Mastes 28
Steuerbordwind 87
Steuern: 22-23
– wenden 43-44
Strand, zurückkehren zum 52-53
Strom, Strömung 83

T

Tide 54, 83
Tiefwasser, abslippen im 37
Trailer 32, 90
Trockenanzüge 16

U

Übertrimmen 40
Unerreichbare Zone 25, 49
Untertrimmen 40

V

Vereine 78-79
Vorstag 28
Vorwind segeln: 56-59, 85
– Übungskurs 25, 58
– Vorwindkurs 24, 67

W

Wanten 28
Wasserwiderstand 21
wenden 25, 42-47, 80-81
Wiederbelebung 19
Wind: 20-21
– ablandig und auflandig 35
– ablegen 34-37
– Amwindkurs 48-51
– anlegen 52-55
– halsen 60-65
– hoch am Wind 48-51
– Indikatoren 20, 38, 40
– Leichtwind 83
– Raumschotskurs 38-41
– Starkwind 84-85
– Vorwindkurs 56-59
– wenden 42
– Winddrehungen 81
– Ziel in Luv 44
Windfäden 38, 40

NÜTZLICHE ADRESSEN

Deutscher Segler-Verband (DSV), Gründgensstraße 18, 22309 Hamburg, Tel.: 040/6320090

Verband Deutscher Sportbootschulen e.V. (VDS), Varlar 86, 48720 Rosendahl, Tel.: 02541/980303

Deutscher Hochseesportverband „Hansa" (DHH), Rothenbaumchaussee 58, 20148 Hamburg, Tel.: 040/44114250

DANKSAGUNG

John Driscoll und Dorling Kindersley möchten sich auf diesem Wege bei den folgenden Personen für ihre Hilfe und Unterstützung bei der Vorbereitung und Produktion dieses Buches bedanken:

Adrian Jones vom Laser-Zentrum, Banbury, Oxfordshire für das Ausleihen einer Laser 2-Jolle für die größte Zahl der Fotoaufnahmen. Joy Routledge und Paul Dobner für das Segeln der Boote. Colin Merrett von der Firma Racing Sailboats, London SW 11 für das Ausleihen der Bekleidung. Mike Gasken und Reg Carter von Thames Young Mariners, Richmond, Surrey für die Unterbringung des Bootes. Chadwick Beecher-Moore und dem Personal von Jack Holt Ltd., Putney, London SW 15 für das Ausleihen der International Enterprise-Jolle. Den Flag Officers und dem Sekretariat des Queen Mary Sailing Club, Ashford, Middlesex für das Stellen von Einrichtungen. Dem Sports Council und dem Personal des National Sports Centre, Crystal Palace, London SE 19 für die Unterstützung. Roger Lean-Vercoe für das Foto auf Seite 8. Jim Stoddart, Pip Tyler und dem Personal von Falcon Sailing, Bitez, Türkei für das Autorenporträt. Peter Blum von Meyer International für seine Hilfe bei der Ortswahl. Tony Randall, Paul Bailey und Janos Marffy für die Zeichnungen; Tracy Hambilton für die künstlerische Unterstützung; Gillian Prince für die redaktionelle Hilfe.